AF593148

ÉLÉMENTS

DE LA

GÉOGRAPHIE

ENCYCLOPÉDIE CATHOLIQUE ET POPULAIRE

PAR UNE SOCIÉTÉ D'ECCLÉSIASTIQUES ET DE GENS DE LETTRES

Sous la direction de M. DUPRAY DE LA MAHÉRIE

ÉLÉMENTS

DE LA

GÉOGRAPHIE

PAR

M. BESCHERELLE AINÉ.

PARIS

A LA LIBRAIRIE PARISIENNE

6, Rue de Médicis, près le jardin du Luxembourg.

1864

ÉLÉMENTS DE GÉOGRAPHIE

PREMIÈRE PARTIE

NOTIONS ÉLÉMENTAIRES

1. — Définition de la géographie. — Utilité de la géographie. — Géographie physique, politique.

La Géographie, qui, dans son acception étymologique la plus littérale, signifie tout simplement *description de la terre*, est la science qui a pour objet la connaissance du globe que nous habitons, considéré tant comme corps distinct et indépendant dans l'univers que comme lié au système des autres corps célestes.

Cette science a pour but de nous faire connaître la surface de la terre, l'enchaînement des montagnes, les cours des fleuves, l'aspect des mers, la distribution des trois règnes de la nature, les climats et leur influence sur les productions naturelles; les peuples qui habitent la terre, les pays qu'ils occupent, et les travaux qu'ils y ont exécutés, soit pour les rendre plus habitables, embellir leur séjour ou multiplier leurs ressources, soit pour faciliter les communications entre les divers pays ou les diverses provinces. Elle nous donne aussi les notions les plus indispensables sur les rapports qui existent entre la terre, les autres planètes, et en général les corps qui, ainsi que notre globe, roulent dans l'espace.

On a dit avec raison que la chronologie et la géographie étaient les deux yeux de l'histoire. En effet, comment étudier les événements, objet de la science historique, si la géographie ne nous fait connaître les lieux dans lesquels ces événements se sont accomplis? La géographie est, en outre, d'une importance capitale pour la politique et la diplomatie, pour l'art de la guerre, pour l'industrie, pour le commerce, etc. Et aujourd'hui que la vapeur a rapproché les distances, n'est-il pas indispensable de connaître les régions les plus lointaines, comme autrefois on était tenu de connaître son propre pays?

L'étude de la surface du globe peut être faite sous deux

points de vue différents; d'où la division de la géographie en deux parties distinctes : la *géographie physique* et la *géographie politique.*

La géographie *physique* se borne à décrire la surface du globe, la distribution des terres et des eaux, les montagnes, le cours des fleuves, les productions des trois règnes de la nature, les différentes races qui habitent le globe ; en un mot, tout ce qui sur la surface de la terre, ne change pas au gré de la volonté humaine.

La géographie *politique* fait connaître les divisions établies par les hommes ; elle envisage les diverses contrées d'après les peuples qui les habitent, d'après leurs races et leurs langues, et d'après les limites qu'ils se sont tracées, limites qui, dans les pays civilisés, sont plus généralement déterminées par la politique que par la nature.

II. — La terre. — Sa rotation. — Sa dimension. — Sa circonférence, etc.

La terre, toute la terre, et rien que la terre, sans rien omettre de ce qui lui appartient; sa figure et sa grandeur; les lois d'après lesquelles elle se meut dans l'espace et dans le temps ; la disposition relative, les formes variées et la nature diverse des éléments qui la constituent... voilà quel est le domaine de la géographie.

C'est donc par l'étude de la terre qu'il nous faut commencer.

Or, la terre est une planète qui fait sa révolution autour du soleil dans l'intervalle de 365 jours 5 heures 48' 51" ; c'est ce qu'on nomme l'année *sidérale*, qui surpasse d'environ 20' l'année *tropique*, c'est-à-dire le temps que le soleil emploie dans son mouvement apparent à revenir à l'équateur du printemps.

La rotation de la terre, c'est-à-dire le mouvement qu'elle fait sur elle-même, s'effectue d'occident en orient dans l'intervalle de 23 heures 56' 4", c'est ce qui constitue le jour.

La distance moyenne de la terre au soleil est d'environ 38 millions de lieues ou 152 millions de kilomètres. Malgré cette énorme distance, il ne faut que 8 minutes pour que la lumière du soleil nous parvienne.

La terre a 9,000 lieues ou 36,000 kilomètres de circonférence, et sa figure est à peu près celle d'un sphéroïde; elle est renflée vers l'équateur et aplatie aux pôles; son diamètre équatorial est de 12,754,861 mètres; son diamètre polaire de 12,712,251 mètres.

Les dimensions de la terre sont maintenant bien connues : le rayon moyen a été trouvé de 6,367, 334 mètres, ou de 1,592 lieues de 4 kilomètres.

III. — Points cardinaux. — Points intermédiaires.

Pour indiquer la position des différents lieux sur le globe, les uns par rapport aux autres, on a imaginé quatre points principaux qu'on appelle *points cardinaux;* ce sont : le *Levant,* le *Couchant,* le *Nord* et le *Midi.*

Le *Levant*, qu'on appelle aussi *Est* ou *Orient*, est le point vers lequel le soleil semble se lever. Il est du côté du pôle arctique.

Le *Couchant*, qui est tout l'opposé, est le point vers lequel le soleil paraît se coucher. On le nomme aussi *Ouest* ou *Occident.*

Le *Nord*, qu'on appelle aussi *Septentrion*, est le point qu'on a devant soi quand on a le Levant à sa droite et le couchant à sa gauche.

Le *Midi*, qu'on nomme aussi *Sud,* est le point opposé au Nord. Il s'appelle *Midi* parce qu'il est du côté où nous voyons le soleil à midi.

Il y a, en outre, quatre points intermédiaires, savoir : le *Nord-Est*, le *Nord-Ouest*, le *Sud-Est* et le *Sud-Ouest.*

Le *Nord-Est*, que l'on écrit souvent ainsi en abrégé N.-E., est le point intermédiaire entre le Nord et l'Est.

Le *Nord-Ouest* (N.-O.) est le point qui se trouve placé entre le Nord et l'Ouest.

Le *Sud-Est* (S.-E.) est le point entre le Sud et l'Est.

Enfin le *Sud-Ouest* (S.-O.) est le point entre le Sud et l'Ouest.

On a établi encore des subdivisions un peu plus précises; c'est ainsi qu'on a le N.-N.-E. entre le Nord et le Nord-Est; le S.-S.-E. entre le Sud et le Sud-Est, etc.

Sur les cartes qui représentent la Terre ou quelques-unes de ses parties, on a coutume de placer le Nord en haut, le Sud en bas, l'Est à droite et l'Ouest à gauche.

S'orienter, c'est déterminer, à l'aide des points cardinaux, la position d'un lieu quelconque ou d'une direction que l'on suit.

Pendant le jour, il est facile de s'orienter au moyen du soleil, qu'on voit à l'est le matin, au sud vers midi, et à l'ouest le soir.

La nuit, on peut avoir recours à l'étoile polaire, située au nord, dans la Petite-Ourse, vers le pôle arctique.

Le soleil se voit à l'ouest le soir, par conséquent il est au sud-ouest à trois heures après midi.

Etant vers l'est à son lever, il se trouve au sud-est à neuf heures du matin.

Lorsque le temps est nébuleux et qu'il n'est pas possible de prendre les astres pour guides, c'est à la *boussole* qu'il faut avoir recours.

IV. — Axe de la terre. — Pôles. — Grands cercles. — Petits cercles.

La ligne sur laquelle la terre tourne, et qu'on peut comparer à un essieu de roue, s'appelle l'*axe* de la terre.

L'axe se termine en deux points qu'on nomme *pôles*.

Les *pôles* sont deux points que l'on suppose placés l'un à l'extrémité nord, l'autre à l'extrémité sud de la terre.

Le pôle nord s'appelle pôle *arctique*, et le pôle sud, pôle *antarctique*.

Les cercles marqués sur les cartes sont des cercles arbitraires qu'on suppose tracés autour de la terre.

On compte six de ces cercles imaginaires.

Les deux grands cercles sont l'*Equateur* et le *Méridien*.

L'*équateur* est le grand cercle qui fait le tour de la terre à égale distance des deux pôles. Il divise le globe en deux moitiés ou hémisphères, dont l'un, l'hémisphère septentrional ou boréal, comprend le pôle arctique, et l'autre, l'hémisphère méridional ou austral, comprend le pôle antarctique.

L'équateur est dans la partie la plus chaude de la terre, car c'est là que les rayons du soleil tombent directement.

On appelle aussi ce cercle *ligne équinoxiale*, parce que les jours sont égaux aux nuits sur toute la terre lorsque le soleil vient à plonger verticalement sur cette ligne, ce qui arrive à deux époques de l'année, appelées les *équinoxes* : le 20 mars et le 23 septembre.

Méridien se dit de tout grand cercle qui passe par les pôles, coupe l'équateur perpendiculairement et partage le globe en deux hémisphères : l'*hémisphère oriental* et l'*hémisphère occidental*.

Tous les points qui ont midi en même temps sont sous le même méridien.

La terre tournant de l'ouest à l'est, les points placés au Nord et au Sud les uns des autres sont les seuls qui puissent avoir midi en même temps et par conséquent un même méridien.

Tous les endroits placés à l'est ou à l'ouest les uns des autres, passant devant le soleil les uns avant les autres, ont des méridiens différents.

Ainsi le nombre des méridiens est infini, et, à la différence de l'équateur, qui est pour ainsi dire immobile, ils changent à chaque pas qu'on fait vers l'orient ou vers l'occident.

Chaque peuple fixe arbitrairement son méridien.

Le premier méridien, sur les cartes françaises, passe par l'Observatoire de Paris.

Dans les cartes anglaises, le premier méridien passe par l'Observatoire de Greenwich à 2° 20' à l'O. du méridien de Paris.

Chez beaucoup d'autres nations on fait passer le premier méridien à l'île de Fer, une des Canaries, à 20° à l'O. de Paris.

Outre ces deux grands cercles, il y a aussi quatre petits cercles qui sont parallèles à l'équateur. Ce sont les deux *tropiques* et les deux *cercles polaires*.

L'un des tropiques et l'un des cercles polaires se trouvent entre l'équateur et le pôle arctique ; l'autre tropique et l'autre cercle polaire sont entre l'équateur et le pôle antarctique.

Le tropique placé entre l'équateur et le pôle antarctique s'appelle *tropique du Cancer*.

Le tropique placé entre l'équateur et le pôle antarctique s'appelle *tropique du Capricorne*.

Le *cercle polaire arctique* est celui qui entoure le pôle arctique.

Le *cercle polaire antarctique* est celui qui entoure le pôle antarctique.

Tous les points placés à l'est ou à l'ouest les uns des autres ont le même parallèle; mais tous les lieux placés à des distances inégales de l'équateur ont des parallèles différents ; il en résulte que le nombre des cercles parallèles est infini, comme le nombre des méridiens.

V. — Des différentes zones.

On a divisé la surface du globe en cinq grandes *zones*, savoir : la *zone torride*, la *zone tempérée boréale*, la *zone tempérée australe*, la *zone glaciale arctique* et la *zone glaciale antarctique*.

La *zone torride* est renfermée entre les tropiques, et coupée en deux moitiés par l'équateur.

La *zone tempérée boréale* est entre le tropique du Cancer et le cercle polaire arctique.

La *zone tempérée australe* est entre le tropique du Capricorne et le cercle polaire antarctique.

Les *zones glaciales arctique* et *antarctique* enveloppent les pôles, et comprennent tout ce qui se trouve au delà des cercles polaires.

Les noms que portent les zones indiquent les trois grandes températures qui règnent sur le globe.

La zone torride, qui est de toutes la plus exposée aux rayons directs du soleil, est aussi la plus chaude.

Les zones tempérées, qui reçoivent les rayons du soleil un peu obliquement, ont une température plus douce.

Le froid est excessif dans les zones glaciales, parce qu'elles ne reçoivent le soleil que très-obliquement, et seulement pendant une partie de l'année.

VI. — Degrés de latitude et de longitude.

Ce qui importe le plus en géographie, c'est de savoir déterminer la distance à laquelle un lieu se trouve de l'équateur.

On n'a pas l'habitude d'indiquer cette distance en lieues ni en kilomètres, mais en *degrés*, *minutes* et *secondes*.

Or, la circonférence entière du globe est de 360 degrés ; un *degré* comprend 60 minutes et une *minute* se divise en 60 *secondes*.

On dira donc que tel lieu est à tant de degrés, de minutes et de secondes de l'équateur; mais, au lieu de s'énoncer ainsi, on dit plus ordinairement qu'il est à tant de degrés, de minutes et de secondes de latitude.

On désigne ordinairement les degrés par °, les minutes par ', et les secondes par ".

On appelle *latitude* d'un lieu sa distance de l'équateur, distance que l'on mesure sur le méridien du lieu et qui est égale à l'arc de ce méridien compris entre le lieu en question et l'équateur.

Cette distance est déterminée par des degrés tracés à 25 lieues de distance les uns des autres : il y a 90 degrés de l'équateur aux pôles.

Tous les points qui correspondent à un même parallèle ont la même latitude. Ce n'est pas tout : les points appartenant à deux parallèles situés à même distance de l'équateur, l'un dans l'hémisphère austral et l'autre dans l'hémisphère boréal, ont aussi la même latitude; mais, dans le premier cas, la latitude est dite *australe*, et dans le second *boréale*. On ne doit jamais, en exprimant une latitude, manquer de faire connaître de laquelle des deux il est question.

La lieue, qui sert ordinairement de terme de comparaison ou de mesure, en géographie, est, il ne faut pas l'oublier, la lieue de poste de 4 kilomètres. La distance mesurée par degrés est donc de 100 kilomètres.

Sur les cartes, les degrés de latitude sont tracés de gauche à droite.

On appelle *longitude* d'un lieu l'angle que fait le méridien de ce lieu avec un méridien convenu arbitrairement et appelé premier méridien.

Le méridien sert donc à déterminer les degrés de longitude.

La longitude peut aussi se compter sur un parallèle quelconque, et est égale à l'arc de ce parallèle compris entre le méridien du lieu et le premier méridien.

Ordinairement, c'est sur l'équateur lui-même que l'on compte les longitudes, parce que c'est le seul qui, sur les globes et sur certaines cartes, se trouve gradué.

Il est superflu d'ajouter que, comme pour les latitudes, l'arc qui mesure la longitude doit être évalué par son rapport à la circonférence et exprimé en degrés et fractions de degré.

Sur les cartes, les degrés de longitude sont tracés de haut en bas.

VII. — Grandes divisions de la surface du globe.

Il suffit de jeter les yeux sur un globe terrestre ou sur une mappemonde, pour voir qu'une masse énorme d'eau couvre la surface du globe, à l'exception des parties qui se trouvent assez élevées pour en dépasser le niveau.

Les parties couvertes par les eaux forment l'*Océan* ou les *mers*, et les parties qui dépassent le niveau de l'océan forment les *terres*.

La surface entière du globe est évaluée à environ 510 millions de kilomètres carrés, celle des mers à 380 millions, et celle des terres à 130 millions ; d'où il suit que les mers occupent à peu près les trois quarts de la surface du globe, et que les terres n'en forment guère que le quart ; par conséquent, l'étendue des terres équivaut à peu près au tiers de celle des mers.

VIII. — Division des terres.

Les terres se divisent naturellement en trois mondes : l'*Ancien monde*, le *Nouveau monde*, et le *Monde maritime*.

On les divise plus ordinairement en cinq parties, dites les *cinq parties du monde*, savoir : l'*Europe*, l'*Asie*, l'*Afrique*, l'*Amérique* et l'*Océanie*.

L'Europe, l'Asie et l'Afrique appartiennent à l'ancien monde, ou ancien continent ; l'Amérique correspond au nouveau monde, et l'Océanie n'est autre chose que le monde maritime.

On appelle *continents* les plus grands espaces de terre que l'on puisse parcourir sans traverser des mers, et dont l'étendue paraît être hors de proportion avec celle des plus grandes îles.

L'*Ancien continent*, qui est le plus grand de tous, se nomme ainsi parce qu'il a été habité le premier ; il renferme l'Europe, l'Asie et l'Afrique.

Le *Nouveau continent*, qui est le moins considérable, n'est connu que depuis 371 ans ; il renferme l'Amérique, découverte par Christophe Colomb en 1792.

Enfin, le *troisième continent* est celui qui comprend l'Australie, la plus grande île de l'Océanie.

On nomme *îles* les parties de la surface du globe que la mer ne recouvre point à cause de leur élévation, mais qu'elle entoure de tous les côtés; elles sont moins étendues que les continents.

Un certain nombre d'îles, voisines les unes des autres, forme un *groupe d'îles*, par exemple les Baléares, les Orcades.

Un *archipel* est un groupe d'îles très-considérable ou l'ensemble de plusieurs groupes peu éloignés, par exemple l'Archipel grec, l'Archipel britannique.

Une *presqu'île* ou *péninsule* est une partie d'un continent ou d'une grande île qui s'avance dans la mer et est entourée d'eau de tous côtés, mais qui tient au continent par un de ses côtés, ou seulement par une petite langue de terre.

Le mot *péninsule* est en général réservé à certaines presqu'îles d'une grande étendue, comme l'Espagne, l'Italie, la Scandinavie.

Un *isthme* est, en général, une portion de terre étroite qui joint une presqu'île au continent.

Les terres présentent une multitude de reliefs qui, suivant leur importance, prennent le nom de *montagnes* ou de *collines*, ou simplement de *coteaux*.

On voit quelques montagnes isolées, mais le plus souvent les montagnes sont unies par leur base et forment des lignes plus ou moins considérables, plus ou moins sinueuses, appelées *chaînes*.

On nomme *plateau* un terrain considérablement élevé au-dessus du niveau de la mer et que l'on peut considérer ou comme le développement du sommet d'une montagne, ou comme une terrasse soutenue par des chaînes de montagnes qui en forment le talus.

On appelle *pic* une montagne conique, d'origine volcanique; *aiguille*, une pyramide aiguë; *piton*, un prisme élancé; *dôme* ou *ballon*, un sommet arrondi.

On nomme *défilés*, et dans certains cas *pas*, *cols* et *gorges*, les passages étroits, et souvent fort difficiles qui se trouvent de distance en distance entre les différents sommets d'une chaîne de montagnes, ou que l'on trouve quelquefois entre une montagne et la mer. On peut regarder comme un *col* le célèbre *défilé des Thermopyles*.

Quelques montagnes contiennent des *volcans*, qui,

par des ouvertures, ordinairement en forme de cône renversé, appelées *cratères,* vomissent par intervalles des torrents de feu, des matières en fusion appelées *laves.*

Les interstices, de formes très-variées, qui se trouvent entre les chaînes de montagnes, s'appellent *vallées.*

Les versants de deux montagnes qui forment une vallée déterminent, par leur intersection, une ligne contenant, depuis l'origine de la vallée jusqu'à la mer, les points les plus bas de la vallée; cette ligne est appelée *thalweg* (chemin de la vallée).

Un *vallon* est comme une petite vallée formée par de simples collines.

On appelle *plaine,* en géographie, un terrain uni et peu élevé résultant du développement d'une vallée.

Les *côtes* sont les périmètres ou contours des terres que la mer vient baigner.

Une *plage* est une côte qui descend vers la mer par une pente douce.

Le nom de *falaises* est donné aux terres, aux côtes escarpées sur les bords de la mer.

Un *cap* est une pointe de terre qui s'avance dans la mer.

Un *promontoire* est aussi un cap, mais cependant il entraîne l'idée d'une pointe de terre s'avançant dans la mer et formant la dernière saillie d'une crête montagneuse : le fameux cap de Misène, le cap Sunium ou Colonna, etc., sont des promontoires.

IX. — Division des eaux.

On donne le nom d'*océan* ou de *mer* à la vaste étendue d'eau salée qui couvre la plus grande partie du globe.

Bien que l'Océan forme une masse continue, on le divise cependant en cinq parties principales, que l'on distingue, soit d'après leur position par rapport aux terres, soit d'après leurs latitudes. Ces cinq parties sont : l'*Océan atlantique*, le *Grand Océan*, l'*Océan Indien* ou *Mer des Indes*, l'*Océan glacial arctique* et l'*Océan glacial antarctique.*

L'*Océan atlantique* est la portion de la mer comprise

entre l'ancien continent à l'est, et le nouveau continent à l'ouest.

Il forme, ainsi que le Grand Océan, plusieurs mers particulières, dont nous donnerons les noms en décrivant les terres dont elles baignent les côtes.

Le *Grand Océan* est la vaste étendue de mer comprise entre l'ancien continent à l'ouest, et le nouveau continent à l'est. Il est ainsi nommé parce qu'il est le plus grand du globe.

L'*Océan Indien* ou *Mer des Indes*, est le nom qu'on donne à la portion du Grand Océan qui s'enfonce dans le sud de l'ancien continent, et baigne les côtes d'un vaste pays appelé *les Indes*.

On nomme *Océan glacial* les portions de mer qui s'étendent sous les pôles et assez loin alentour, et qui sont toujours embarrassées de glaces.

Il y en a deux, qui se distinguent par les noms des deux pôles, savoir : l'*Océan glacial arctique* et l'*Océan glacial antarctique*.

L'*Océan glacial arctique* est circonscrit par le cercle polaire boréal, et comprend par conséquent toute la portion de mer située dans la zone glaciale arctique.

L'*Océan glacial antarctique* est circonscrit par le cercle polaire austral, et comprend par conséquent toute la portion de mer située dans la zone glaciale antarctique.

Un golfe vaste et profond qui ne communique avec l'Océan que par une étroite entrée, prend le nom de *méditerranée*; telles sont la *mer Méditerranée* proprement dite, la *mer Baltique*, la *mer Rouge*.

Certains grands golfes moins formés, ou certaines portions de mer en partie circonscrites par des îles, prennent le nom de *mers intérieures;* telles sont la *mer du Nord*, la *mer d'Irlande*, la *mer des Antilles*, la *mer de Chine*, etc.

Un *golfe* est une grande étendue de mer, un enfoncement plus ou moins considérable dans les terres, qui commence en général entre deux caps, et dont l'ouverture est très-vaste dans la mer.

Une *baie* est, comme le golfe, un enfoncement de la mer dans les terres, où les vaisseaux s'abritent contre les vents. Une *baie* est plus grande qu'une *anse*, moins profonde qu'un *golfe* et moins fermée qu'une *rade*.

C'est une sorte d'enfoncement souvent très-ouvert, et fermé par les sinuosités de la côte.

Une *anse* est un petit golfe ou enfoncement semi-circulaire, formé par les eaux de la mer sur les rivages, et qui peut donner un abri aux petits navires.

Une *crique* est un petit port le long des côtes, où de petits vaisseaux peuvent se retirer.

Un *port* est une grande excavation naturelle ou artificielle qui, recevant les eaux de la mer, offre aux navires une station abritée contre les vents et la tempête.

On appelle *rade* la courbure d'un rivage formant une anfractuosité plus ou moins profonde qui constitue une sorte de port naturel où les navires peuvent mouiller en sûreté. La plus belle rade connue est celle de Spithead, entre Portsmouth et l'île de Wight.

On appelle *détroits* les ouvertures longues et peu larges par lesquelles les golfes ou mers intérieures communiquent avec l'Océan.

Certains détroits ou passages étroits et difficiles sont appelés *passes* ou *pertuis;* d'autres, fort larges à leurs extrémités et qui vont se rétrécissant en entonnoir, prennent le nom de *manches*.

Un *lac* est une masse d'eau d'une assez grande étendue, entourée de terre de tous côtés, soit que cette eau communique avec quelques rivières, soit qu'elle donne naissance à celles-ci.

Quand un lac est très-petit, on l'appelle *étang*.

Le lac le plus considérable du globe a reçu, à cause de son étendue, le nom de mer; c'est la *mer Caspienne*, située à peu près au centre de l'ancien continent.

On appelle *sources* de petits courants d'eau qui sortent du sein de la terre. Les sources se montrent en plus grand nombre dans les contrées montagneuses et accidentées que sur les autres parties de la surface de la terre.

Les sources forment des *ruisseaux*, c'est-à-dire des cours d'eau sans importance, et les ruisseaux forment des *torrents*, qui n'acquièrent une importance, quelquefois désastreuse, que lors des grandes pluies ou des fontes de neiges.

Une *rivière* est un cours d'eau naturel, régulier et constant, ayant un volume assez considérable pour la navigation ou le flottage, sans qu'il soit cependant suffisant pour mériter le nom de fleuve.

Le point de réunion de deux cours d'eau s'appelle *confluent*, et celui des deux qui a son embouchure dans l'autre *affluent*.

Un *fleuve* est un amas considérable d'eau douce qui, prenant sa source au pied des montagnes, se grossissant d'une foule de ruisseaux et de rivières, coule dans un lit vaste et profond pour aller se jeter dans la mer.

Les fleuves suivent la direction des montagnes, et coulent ordinairement de l'Orient à l'Occident ou de l'Occident à l'Orient. Quelques-uns seulement vont du Nord au Sud, et du Sud au Nord.

Les plus grands fleuves sont dans l'Amérique.

L'*embouchure* d'un fleuve est l'endroit où il se jette dans la mer.

Un *canal* est une rivière artificielle creusée, soit pour porter des bateaux, soit pour amener des eaux dans un lieu où leur présence est nécessaire.

On donne le nom de *bras de mer* à des détroits fort larges, à des espèces de canaux.

On appelle *atterrissement* l'accumulation progressive des terres d'alluvion, c'est-à-dire des monceaux de limon ou de sable que les courants d'eau enlèvent, soit à leur lit, soit à leurs rivages. Les atterrissements sont les principaux fondements de la chronologie des époques primitives.

On appelle *dunes* des monticules ou des monceaux de sable accumulés sur les rivages par la mer ou les vents. Elles forment de petites chaînes, traversées par des vallées humides, où les pas du voyageur peuvent à chaque instant s'enfoncer. Souvent les eaux s'y réunissent et y forment de petits étangs. Quelquefois les vents emportent les dunes dans leurs tourbillons, menacent d'engloutir les voyageurs, les villes et les forêts sous des flots de sable.

Un *bas-fond* est un fond très-bas ou une élévation quelconque au fond de la mer. On ne trouve les bas-fonds qu'en se servant d'une sonde, et les plus grands vaisseaux peuvent passer dessus sans le moindre danger.

On appelle *récifs* ou *brisants* des roches ordinairement à fleur d'eau, qui longent les côtes et les rendent inabordables.

Les *bancs de sable* sont des hauts-fonds très-étendus qui se trouvent sous la surface des eaux, et qui causent souvent le naufrage des vaisseaux. Le plus célèbre est le banc de sable de Terre-Neuve.

Pour distinguer la *rive droite* de la *rive gauche*, il n'y a qu'à supposer qu'on navigue sur un cours d'eau en suivant le courant. De deux points situés sur un cours d'eau, celui qui se trouve le plus près de la source est dit *en amont* de l'autre, et celui-ci est dit *en aval* du premier.

Le *lit* d'un fleuve ou d'une rivière est le canal dans lequel coulent ses eaux. Ce lit est toujours plus ou moins incliné; s'il baisse brusquement, le fleuve se précipite, et il en résulte une *cataracte*, appelée aussi *chute* ou *saut*.

Tout le territoire dont les eaux se rendent directement ou indirectement dans le lit d'un fleuve forme ce qu'on appelle le *bassin* de ce fleuve.

Le bassin d'un fleuve est dit *bassin principal*, et il comprend autant de *bassins secondaires* que le fleuve a d'affluents.

Quant aux bassins de rivières qui occupent le delta formé par la bifurcation d'une chaîne, on les appelle *bassins côtiers*.

Les bassins de tous les cours d'eau d'une même contrée qui se rendent dans une même mer forment le *versant* de cette mer.

On confond quelquefois, mais à tort, le *versant* d'une mer avec le *bassin* d'une mer. Le bassin d'une mer, c'est l'ensemble des pays dont les eaux se rendent dans cette mer. Ainsi le *bassin* de la Manche se compose du *versant* de la Manche en France et du *versant* de la même mer en Angleterre.

On appelle *dorsale* d'un continent, d'une île, d'une région, la ligne générale de partage des eaux, laquelle n'est autre chose que le sommet de la chaîne principale de l'île, du continent, de la région.

X. — Superficie et population du globe.

La superficie du globe est, nous l'avons déjà dit, de 5 millions de myriamètres carrés, ou, en d'autres termes, de 510 millions de kilomètres carrés.

La mer occupe 375 millions ; la terre 135 millions, dont 10 millions pour les îles.

D'après les travaux les plus récents, la population du globe se répartit ainsi qu'il suit :

Pour l'Europe.	272,000,000
l'Asie	700,000,000
l'Afrique.	100,000,000
l'Amérique	70,000,000
l'Océanie	32,000,000
Total	1,174,000,000

On a calculé que cette population de 1,174 millions, répartie sur une superficie de 135 millions de kilomètres carrés, donne une moyenne de population de 8 habitants par kilomètre carré ; mais on a fait remarquer que la population est très-inégalement répartie dans les divers continents, et que si, par exemple, l'Amérique ne compte pas même 2 habitants par kilomètre carré, l'Asie en compte 17, et l'Europe 27 pour la même superficie.

XI. — Races humaines.

Les différents peuples qui ont habité et habitent encore aujourd'hui les cinq parties du monde peuvent se ramener aux quatre grandes variétés suivantes : la *race caucasique*, la *race mongole*, la *race américaine* et la *race éthiopienne.*

La *race caucasique* ou *blanche*, remarquable par sa perfectibilité, comprend tous les peuples les plus civilisés de la terre, qui habitent l'Europe, l'Asie occidentale et la partie la plus septentrionale de l'Afrique. On l'a appelée *caucasique*, parce qu'on lui donne pour berceau les montagnes situées entre la mer Caspienne et la mer Noire.

La *race mongole jaune* ou *rouge* comprend les Mongols, les Chinois, les Thibétains, les Mandchoux, les Japonais, les peuples de l'Inde transgangétique, c'est-à-dire au-delà du Gange, etc.

La *race américaine* ou *cuivrée* comprend tous les peuples malais de l'Archipel indien, une partie des Océaniens, les habitants de l'île de Madagascar en Afrique, ceux de l'île Formose, de la péninsule de Malacca et de quelques autres parties de l'Asie.

La *race éthiopique* ou *nègre* comprend toutes les peuplades nègres de l'Afrique et de quelques contrées de l'Asie, et tous les nègres de l'Océanie.

XII. — Religions.

On peut diviser les religions en deux classes, suivant qu'elles admettent un seul Dieu, c'est-à-dire le *monothéisme;* ou plusieurs dieux, c'est-à-dire le *polythéisme.*

Le *monothéisme*, qui est l'adoration d'un seul Dieu, comprend le *catholicisme* et toutes les religions qui ne reconnaissent qu'un seul Dieu; il se divise en trois branches principales : le *christianisme*, le *judaïsme* et le *mahométisme.*

1° Le *christianisme* est la religion que professent presque tous les peuples de l'Europe, excepté les Turcs; il est répandu dans toutes les colonies européennes, et se divise en trois branches parfaitement distinctes, savoir : le *catholicisme*, le *protestantisme* et la religion *schismatique grecque.*

2° Le *judaïsme* est professé par les Juifs dispersés dans toutes les parties du globe; il se divise en plusieurs sectes, savoir : les Talmudistes et les Chasidini ou juifs sauteurs; les Caraïtes, les Samaritains et les Réchabites.

Le *mahométisme*, fondé par Mahomet, l'an 611 de notre ère, se divise en un nombre infini de sectes, dont les principales sont les Sunnites et les Chiites. Les premiers, qui admettent la succession des califes telle qu'elle a eu lieu après la mort de Mahomet, occupent maintenant tout l'empire Ottoman, l'Egypte, plusieurs contrées de l'Afrique, l'Arabie et les îles de la mer des Indes. Les seconds, qui ne reconnaissent qu'Ali et ses descendants comme légitimes héritiers de Mahomet, occupent le reste des pays musulmans.

On pourrait encore ranger dans la catégorie du monothéisme, le *déisme*, c'est-à-dire le système de ceux qui, n'ayant aucun culte particulier, et rejetant toute sorte de révélation, croient seulement en un être suprême, principe de tous les êtres, mais qui ne reconnaissent autre chose, en fait de religion, que ce que la raison peut découvrir.

Le *polythéisme* ou *paganisme*, système religieux qui admet l'existence de plusieurs divinités, a été la religion de la Grèce et de l'Empire romain avant la venue de

Jésus-Christ. Il est même encore suivi par un grand nombre de peuples sauvages de l'Afrique et de l'Asie.

On distingue cinq sortes de polythéisme : le *fétichisme*, le *sabéisme*, le *brahmanisme*, le *bouddhisme*, le *lamaïsme*.

XIII. — Gouvernements.

Pris dans le sens politique, le mot *gouvernement* désigne tout à la fois la constitution d'un État et l'ensemble de ses lois fondamentales, et aussi l'autorité chargée d'administrer un pays.

La manière dont s'exerce cette autorité varie selon la constitution de l'État.

Il y a trois formes principales de gouvernement : la *monarchie*, l'*aristocratie* et la *démocratie* ou *république*.

La *monarchie* ou le *gouvernement monarchique* est celui où le pouvoir suprême est confié à un seul chef, quel que soit le titre qu'il porte, empereur ou roi, sultan ou Grand-Turc, shah, etc.

On distingue deux sortes de monarchies : la *monarchie absolue* et la *monarchie constitutionnelle*.

La *monarchie absolue* est celle où la souveraine puissance réside tout entière dans la personne du monarque, sans autres restrictions que les lois fondamentales de l'État, comme en Russie, en Turquie et dans la plupart des États de l'Asie.

La *monarchie constitutionnelle*, dite aussi *monarchie tempérée* ou *représentative*, est celle où le pouvoir souverain est partagé entre le chef de l'État et les représentants de la nation, et est réglée dans son exercice par une constitution : telles sont la plupart des monarchies de l'Europe occidentale.

L'*aristocratie* est une forme de gouvernement où l'autorité serait confiée aux hommes les meilleurs, aux plus vertueux et aux plus éclairés. Il est douteux que ce type idéal ait jamais été réalisé, et l'aristocratie n'a été le plus souvent que le gouvernement des principaux citoyens, de ceux qui s'élevaient au-dessus des autres par leur puissance ou leurs richesses. Tels furent, dans l'antiquité, les gouvernements d'Athènes sous la législation de Solon; ceux de Rome et de Carthage, et, dans les temps modernes, les gouvernements de Venise, de Gênes, etc.

Une *république* est un État où le peuple se gouverne lui-même, soit immédiatement, soit par ses délégués: c'est l'opposé de la *monarchie*.

On distingue trois espèces de républiques :

Les *républiques aristocratiques*, dans lesquelles le gouvernement est entre les mains de la haute classe des citoyens ;

Les *républiques oligarchiques*, dans lesquelles l'autorité se trouve entre les mains du petit nombre ;

Les *républiques démocratiques*, dans lesquelles la majorité de la nation participe elle-même au gouvernement.

On pourrait y ajouter les *républiques fédératives*, composées de plusieurs États ayant chacun leur constitution particulière.

DEUXIÈME PARTIE

LES CINQ PARTIES DU MONDE

L'EUROPE

L'Europe est la plus petite, mais la plus riche, la plus puissante et, relativement à son étendue, la plus peuplée des cinq parties du monde. Ses peuples, grâce à son industrie, jouissent de toutes les richesses des autres pays.

Elle forme le nord-ouest du monde ancien et semble être la continuation péninsulaire de l'Asie.

Située entre les régions polaire et tropicale, elle n'appartient à aucune de ces régions extrêmes, et sa position sur le globe, dans un centre autour duquel se groupent l'Amérique septentrionale, l'Asie et l'Afrique, assure à jamais son influence politique et commerciale.

Géographie physique. — Position, limites, dimensions.

La position astronomique de l'Europe est entre le 12° de longitude occidentale et le 62° orientale, et entre le 34° de latitude boréale et le 71°, sans y comprendre la Nouvelle-Zemble, l'archipel du Spitzberg et d'autres îles qui dépendent géographiquement de cette partie du monde. Ses points extrêmes sont, au Nord, le cap Nord, par 71° 10' de latitude nord, et 43° 10' de longitude est ; au Sud, le cap Tarifa, par 36° de latitude nord et 12° de longitude est ; à l'Ouest, le cap Roca, par 38° 40' de latitude nord et 8° 9' de longitude est ; à l'Est, le golfe Kara, par 69° 45' de latitude nord, et 83° de longitude est.

Sa plus grande largeur, du sud-est au nord-ouest, c'est-à-dire du cap Saint-Vincent au golfe de Kara, est de 5,625 kilomètres ; sa plus grande largeur, du cap Matapan au cap Nord, est de 3,915 kilomètres.

Sa superficie est de 9,562,500 kilomètres carrés, dont 6,834,375 appartiennent au continent proprement dit, 2,221,875 aux péninsules, et 506,250 aux îles.

L'Europe est bornée, au Nord, par l'Océan glacial arctique ; à l'Est, par le fleuve Kara, la principale chaîne des monts Ourals, le fleuve Oural, la mer Caspienne, l'extrémité orientale du Caucase, le détroit d'Enikalé, la mer Noire, le détroit de Constantinople, la mer de Marmara, le détroit des Dardanelles et l'Archipel, qui tous la séparent de l'Asie ; au Sud, par la principale chaîne du Caucase, qui la sépare aussi de l'Asie, par la mer Noire, la Méditerranée et ses différentes branches, le détroit de Gibraltar et l'Océan atlantique ; à l'Ouest, par l'Océan atlantique et toutes ses branches jusqu'au cercle polaire, et, au delà de ce cercle, par l'Océan glacial arctique.

Abstraction faite de ses péninsules, le continent européen forme un immense triangle rectangulaire, dont l'hypoténuse s'étend du sud-ouest au nord-est, depuis le golfe de Gascogne jusqu'au détroit de Vaïgatch, et l'angle droit se trouve au cap Apcheron, sur le bord septentrional de la mer Caspienne ; la largeur de la surface comprise entre les trois côtés de ce triangle va en augmentant de l'ouest à l'est, ainsi que le démontre l'étendue des lignes suivantes, abaissées de son hypoténuse à sa base. En effet, on compte :

Du golfe de Gascogne au golfe du Lion. .	420 kil.
Du canal de la Manche au golfe du Lion.	763
Du golfe de Poméranie au golfe de Trieste	1,032
Du Frisch-Haff à la mer Noire.	1,275
Du golfe de Finlande à la mer d'Azow. .	1,650
De la mer Blanche à la mer d'Azow. . .	2,047
Et du golfe de Kara à la mer Caspienne .	2,700

Des cinq parties du monde, l'Europe est la plus profondément découpée. Aussi, les mers intérieures, les détroits, les golfes, les presqu'îles, les îles y abondent.

L'Europe est baignée par seize mers intérieures, dont les plus importantes sont l'Océan glacial, l'Océan atlantique, la Méditerranée, la mer Blanche, ainsi nommée parce qu'elle est gelée pendant neuf mois de l'année, la mer Baltique, la mer du Nord, la Manche, l'Adriatique, la mer Noire, la mer Caspienne, etc.

Elle compte treize golfes, dont les principaux sont : le golfe de Bothnie, le golfe de Livonie, le golfe de Finlande, le Zuyderzée, le golfe de Gascogne et celui de Gênes.

Les détroits des mers européennes sont au nombre de dix-sept ; les plus remarquables sont : le Skager-Rack, le Cattégat, le Sund, le Grand-Belt et le Petit-Belt, qui font communiquer la Baltique avec la mer du Nord ; le Pas-de-Calais et la Manche, qui unissent la mer du Nord avec le golfe de Gascogne ; le détroit de Gibraltar, celui de Bonifacio, entre la Corse et la Sardaigne ; le phare de Messine ; le canal d'Otrante, qui unit la mer Ionienne à l'Adriatique ; le détroit de Gallipoli et les Dardanelles.

Il y a soixante îles ou groupes d'îles remarquables, parmi lesquelles nous citerons : le Spitzberg, l'Islande, la Grande-Bretagne, l'Irlande, les Shetland, les Orcades, les Hébrides, la Corse, la Sardaigne, la Sicile, l'île de Candie, les Cyclades, l'île d'Elbe, les îles Gothland, Oland et Rugen, les sept îles Ioniennes, etc.

L'Europe contient huit presqu'îles, dont les quatre plus grandes sont : la Scandinavie (Suède et Norwége), l'Hispanie (Espagne et Portugal), l'Italie et la Péninsule hellénique (Turquie et Grèce). Les quatre autres, plus petites, sont : le Jutland, en Danemark ; la Bretagne, en France ; la Morée, en Grèce, et la Crimée, en Russie.

Les deux principaux isthmes de l'Europe sont : l'isthme de Corinthe, qui rattache la Morée à la péninsule hellénique, et l'isthme de Pérékop, qui unit la Crimée à la partie continentale de la Russie, et dont le nom a été si souvent prononcé pendant la guerre de Crimée.

Parmi les caps de l'Europe, on peut citer : le cap Nord, dans l'Océan glacial arctique ; le cap Matapan, dans la Méditerranée ; le cap Vaïgatch, dans l'Océan glacial; le cap Tarifa, sur le détroit de Gibraltar; le cap Lands-End; le cap Finistère, le cap Saint-Vincent; le cap Corse, etc.

L'Europe compte dix-huit chaînes de montagnes, dont neuf grandes et neuf petites. C'est en Suisse, sur la limite française, qu'il faut aller chercher le centre des montagnes européennes. Dans l'impossibilité de les citer toutes, nous nous bornerons aux suivantes: les Carpathes, en Autriche; les Dophrines, en Scandinavie; l'Oural et le Caucase, sur la limite asiatico-européenne; le Jura et les Cévennes, en France; les Pyrénées, sur la limite espagnole; les monts Ibériques, en Espagne; les Alpes, les Apennins, le Mont-Blanc, qui appartient aux grandes Alpes et dont le sommet est le plus élevé de l'Europe.

L'Europe possède un grand nombre de *volcans* actifs, dont un seul, le Vésuve, est sur le continent. La Sicile nous présente l'Etna, qui s'élève à 3,400 mètres au-dessus de la mer. On trouve dans les îles Lipari le Stromboli dont les déflagrations sont continuelles, Vulcano et Vulcanello, deux petits volcans qui fument encore. Au milieu de ses neiges, l'Islande nous présente l'Hécla, qui atteint une hauteur de 1,200 mètres, et cinq autres volcans plus petits. On connaît des volcans éteints dans presque toutes les contrées de la terre; une des plus célèbres est certainement l'Auvergne: c'est là qu'il faut aller étudier les phénomènes volcaniques anciens, qui ont la plus grande analogie avec ce qui se passe encore actuellement au Vésuve et à l'Etna.

Les principaux *lacs* de l'Europe sont au nombre de douze, savoir: en Russie, le lac Saïma, le plus grand de la Finlande; le lac Onéga, qui communique avec le Ladoga, le plus grand fleuve de l'Europe; le lac Tchoudskoé, dont les eaux se jettent dans le golfe de Finlande; en Suède, le lac Mélar, le lac Vetter, qui versent leurs eaux dans la Baltique; le lac Vener, qui s'écoule dans le Cattégat; en Suisse, le lac Léman, traversé par le Rhône; le lac de Constance, traversé par le Rhin; au nord de l'Italie, le lac Majeur, le lac de Garde, dont les eaux se rendent dans le Pô; dans les États autrichiens, le lac Balaton, qui s'écoule dans le Danube.

Les *fleuves* et les *rivières* sont abondamment distribués sur la surface de l'Europe. On n'en compte pas moins de quarante-neuf, parmi lesquels les plus remarquables sont les suivants, qui se jettent: dans le Danube, la Petchora, qui arrose la Russie; dans la mer Blanche, la Dvina, qui arrose la Russie; dans la Baltique, la Duna, qui arrose la Russie et se rend dans le golfe de Livonie; le Niémen, qui arrose la Russie et la Prusse; la Vistule, qui arrose la Pologne et la Prusse et s'écoule dans le golfe de Dantzig; l'Oder, qui arrose la Prusse; dans la mer du Nord, l'Elbe, qui arrose l'Allemagne; le Rhin, qui sort de la Suisse, sépare la France de l'Allemagne et arrose les Pays-Bas; la Tamise, qui arrose l'Angleterre; dans la Manche, la Seine, qui arrose la France; dans l'Atlantique, la Loire, la Gironde, qui arrosent la France; le Minho, le Douro, le Tage, le Guadiana, qui arrosent l'Espagne et le Portugal; le Guadalquivir, qui arrose l'Espagne; dans la Méditerranée, l'Ebre, qui arrose l'Espagne; le Rhône, qui arrose la France; dans la mer de Sicile, le Tibre, qui arrose l'Italie centrale; dans la mer Noire, le Danube, qui arrose l'Allemagne et la Turquie septentrionale; le Dniester, qui arrose la Gallicie et la Russie; le Dniéper, qui arrose la Russie; dans la mer d'Azow, le Don, qui arrose la Russie; dans la mer Caspienne, le Volga et l'Oural, qui arrosent la Russie.

Les *canaux* sont beaucoup plus nombreux en Europe que dans aucune autre partie du monde. Au nombre des canaux les plus importants, on cite: aux États-Unis, le grand canal d'Érié, dans le New-York; en Écosse, le canal Calédonien, qui joint la mer du Nord à l'Océan atlantique; en Angleterre, les canaux de Bristol et de Bridgewater; en France, ceux de Languedoc ou du Midi, du Centre ou de Bourgogne, de Briare, de Saint-Quentin, de l'Ourcq, etc.

ÉTATS DE L'EUROPE.

L'Europe se divise politiquement en dix-sept États ou groupes d'États, qui se trouvent ainsi répartis: dans l'Europe septentrionale, les Iles Britanniques, le Danemark, la Suède et la Norwége; dans l'Europe de l'est, la Russie; dans l'Europe centrale, la Prusse, l'Autriche, l'Allemagne, la Suisse, la Hollande, la Belgique et la

France; dans l'Europe méridionale, le Portugal, l'Espagne, l'Italie, la Turquie et la Grèce.

Parmi ces États, il y en a cinq qui occupent le premier rang, parce qu'ils sont de beaucoup plus puissants que les autres, aussi les appelle-t-on les cinq grandes puissances. Ce sont : la France, l'Angleterre, l'Autriche, la Prusse et la Russie.

ILES BRITANNIQUES.

Les ILES BRITANNIQUES ou le *Royaume-Uni*, se composent, en Europe, de l'Angleterre et du pays de Galles, de l'Ecosse, de l'Irlande et des îles de la Manche.

L'ANGLETERRE, proprement dite, est divisée en quarante cantons ou *shires* qui sont : à l'Est, sur le bassin du Nord, le Northumberland, Durham, York, c'est le comté le plus étendu de l'Angleterre; Derby, Nottingham, Lincoln, Stafford, Leicester, Rutland, Northampton, Bedford, Huntingdon, Cambridge, Norfolk, Suffolk, Oxford, Buckingham, Hertford, Middlesex, Essex, Surrey, Kent. Sur le bassin de l'Irlande, en y comprenant le canal du Nord et celui de Saint-Georges, on trouve les comtés de Cumberland, Westmoreland, Lancastre, Chester, Salop, Hereford, Worcester, Warwich, Monmouth, Glocester, Witts. — Sur le bassin de la Manche, en se dirigeant vers le Sud, on trouve les comtés de Dorset, Hamp, Sussex.— Au Sud-Ouest, sur les bords de la Manche et de l'Atlantique, on trouve les deux comtés de Devon, chef-lieu Exeter; Cornwall, chef-lieu Launceston, sur la Thamar.

Londres, la plus grande ville de l'Europe et la plus importante cité commerciale du monde, capitale du comté de Middlesex et de toute la monarchie Britannique, sur les deux rives de la Tamise, qui communiquent par plusieurs ponts ; à 18 lieues de la mer. Sa population est de 2,500,000 habitants.

Les monuments de Londres, sauf quelques exceptions, n'ont rien de bien remarquable sous le rapport de l'art. Ses édifices les plus nombreux sont destinés à l'administration, à l'industrie et au commerce; ils n'ont d'autre mérite que leur grandeur et leur solidité; mais, sous ce rapport, ils tiennent le premier rang. Parmi les édifices religieux, celui qu'il faut mettre en première ligne est la cathédrale de Saint-Paul, dont l'architecture imposante rappelle les basiliques modernes de l'Italie. Après Saint-Paul, on remarque l'abbaye gothique de Westminster, bâtie au XIIIe siècle, et en partie reconstruite en 1803. Elle est surtout célèbre par ses caveaux, où reposent les restes de la plupart des grands hommes de l'Angleterre. On peut encore nommer les Églises de Saint-Stéphen de Walbrook, de Saint-Martin et de Saint-Georges. Le palais de Lambeth est la résidence de l'archevêque de Canterbury. Parmi les édifices civils, Buckingham-Palace, résidence ordinaire de la Cour de Saint-James, et Somerset-House, autres palais royaux, doivent être mentionnés. La Tour de Londres, qui pendant longtemps a été la résidence des anciens rois normands, ne mérite l'attention que par les souvenirs historiques qui s'y rattachent. Elle sert aujourd'hui de musée d'artillerie, de dépôt d'armes et de prison d'Etat. On y montre encore la chambre de l'infortuné Charles Ier. En tête des édifices où siégent les grandes administrations publiques et particulières, il faut placer le Royal-Exchange ; il joue à Londres le même rôle que la Bourse à Paris. Le Post-Office, administration générale des postes, est situé dans Cheapside et Newgate. Plus de deux cents bureaux répartis dans Londres relèvent de cette administration centrale, dont les revenus sont immenses.

Londres possède beaucoup de parcs ou promenades publiques. Ses principaux parcs sont : Hyde-Park, Kensington-Gardens, Saint-James-Park ; elle a de nombreux et vastes squares, sortes de jardins ou places, entourées de palissades ou de grilles, plantées d'arbres ou ornées de parterre, qui sont fréquentées par la population anglaise, comme les jardins du Luxembourg, du Palais-Royal et des Tuileries, etc., le sont par la population parisienne. Une animation sans égale règne dans cette cité immense. Les chaussées sont constamment couvertes de voitures courant avec une effrayante et dangereuse rapidité. Les trottoirs, dans chaque rue, ressemblent à deux fleuves où le flot de la population monte d'un côté et descend de l'autre. Tous les jours 200,000 personnes environ entrent à pied dans la cité et 15,000 y débarquent.

Les principales villes de l'Angleterre sont : Manchester, Liverpool, Oxford, Falmouth et Plymouth, Exeter, Dorchester, Bath, Bristol, Glocester, Salisbury, Winchester, Portsmouth, Windsor, Buckingham et Aylesbury, Ipswick, New-Markett, Cambridge, York, Durham et Sunderland, Alnwick, Newcastle, Cumberland, Lancastre, Leicester, Péterborough, Northampton, Huntingdon, Bedford et Birmingham.

Manchester est une des premières villes industrielles du monde.

Sa population est de 400,000 habitants.

Liverpool, ville et port de mer d'Angleterre, est le plus grand centre de la monarchie britannique après Londres, et peut être considérée comme le port de Manchester.

Oxford est remarquable par son université, la plus célèbre de l'Angleterre, et par la bibliothèque de l'université, qui est une des plus riches de l'Europe.

Falmouth, ville et port. Sa rade est l'une des plus belles de l'Angleterre.

Exeter est bâtie sur la pente d'une colline, au milieu d'un district très-accidenté et très-fertile. C'est le siége d'un évêché fondé en 1249 ; sa cathédrale est l'une des plus belles de l'Angleterre.

Dorchester a été l'une des principales stations des Romains en Angleterre, et ce qui reste de plus curieux dans la ville. comme ruines de la domination de Rome, est l'amphithéâtre, qui a 33 mètres de diamètre extérieur. Les assises tenues à Dorchester en 1683 sont fameuses par les assassinats judiciaires du juge Jeffries.

Cambridge est le siége d'une grande université. Le *Queen's Collége*, dont la chapelle passe pour le plus beau monument de ce genre qu'il y ait en Europe.

Bath est une des plus jolies villes de l'Europe et elle est renommée par ses bains d'eaux minérales, l'agrément de sa situation et la belle ordonnance de ses constructions.

Bristol est le port de commerce le plus important de l'Angleterre.

Bedfort, commerce en blé et renferme des manufactures de dentelles.

Un télégraphe électrique, dont les fils traversent la Manche, met l'Angleterre en communication instantanée avec la France et tout le continent.

La PRINCIPAUTÉ DE GALLES se divise en douze comtés ou *shires*, qui sont ceux d'Anglesey, de Caernarvon, de Denbigh, de Flint, de Mérioneth, de Montgommery, de Radnor, de Brecknock, de Glamorgan, de Pembroke, de Cardigan et de Carmarthen.

Chacun de ces comtés porte le nom de la ville qui en est le chef-lieu, excepté le comté de Glamorgan, qui a pour chef-lieu la ville de Cardiff.

Carmarthen, chef-lieu du comté de ce nom, est aussi la capitale de la principauté ; elle est le centre du commerce du comté. Des bâtiments de 200 tonneaux peuvent remonter jusqu'au pont de dix arches qui est jeté sur le Towy.

Les villes principales sont : Cardiff, centre du pays de de Glamorgan, nommé le jardin du pays de Galles ; Swanson, qui a un port important ; Pembroke, la patrie de Henri VIII ; Cardigan, port excellent ; Montgommery, Asselwigh, Beaumaris, dans l'île d'Anglesey, et Caerwys qui fut, jusqu'au règne d'Elisabeth, le rendez-vous des bardes ; ils y venaient disputer le prix du chant.

L'ÉCOSSE est l'une des parties de la Grande-Bretagne et l'un des trois royaumes unis de cette monarchie constitutionnelle. Elle présente deux portions parfaitement distinctes : les Lowlands ou Basses-Terres et les Higlands ou Hautes-Terres. Les îles peuvent être considérées comme une troisième division. Ses montagnes se rattachent au système général des montagnes de la Grande-Bretagne. Quelques-uns des pics de ces montagnes sont très-élevés ; le Ben-Nevis, entre autres, a 1,380 mètres d'altitude. Les fleuves et les rivières de l'Ecosse sont plus importants par leur longueur et leur largeur que par la fertilité qu'ils apportent aux pays traversés par leur cours. Les côtes sont généralement découpées et taillées à pic. Le climat de l'Ecosse est beaucoup plus froid que celui de l'Angleterre. L'exploitation des mines est l'une des branches les plus importantes du commerce de la péninsule.

Nous avons déjà dit que l'Ecosse était, par sa configuration, partagée en trois grandes divisions territoriales : les Higlands, les Lowlands et les îles.

Outre ces divisions purement naturelles, elle est politiquement divisée en 33 comtés, qui sont : Aberdeen, Argyle, Ayr, Banff, Berwick, Bute, Caithness, Clarckmannam, Cromarthy, Dumbarton, Dumfries, Edimbourg, Elgin, Fife, Forfar, Haddington, Inverness, Kinkardine, Kinrou, Kirkssdbright, Lanark, Linlithgow, Nairn, Peebles, Perth, Renfrew, Ross, Roxburg, Selkirk, Shetland, Stirling, Sutherland et Wigton. La paroisse est, après le comté, la division administrative du royaume; on en compte 309. Plusieurs d'entre elles appartiennent à deux comtés à la fois.

Edimbourg est la capitale de l'Ecosse ; elle est dans une des situations les plus pittoresques et s'étend sur trois chaînes de collines séparées et parallèles. Elle se divise en vieille ville et en nouvelle ville, que réunissent deux ponts élégants. De tous les monuments publics d'Edimbourg, le château est sans contredit le plus curieux ; c'est une ancienne forteresse bâtie sur un précipice.

Les autres villes principales sont Glasgow, Renfrew, Striveling, Aberdeen, grande ville dont les manufactures de cotons et de draps sont renommées.

L'Irlande forme le troisième des royaumes unis; elle se divise en quatre provinces, subdivisées en trente-deux comtés.

La capitale, *Dublin*, sur la mer d'Irlande, est la seconde ville des Iles Britanniques. La population est de 300,000 habitants. Les autres villes importantes sont : Londonderry, Belfast, Limerick, Cork, qui compte plus de 100,000 habitants.

Parmi les îles appartenant à l'Angleterre, on trouve les îles de Wight, de Jersey, de Saint-Aubin, de Guernesey, les Shetland, les Orcades, les Hébrides, Helgoland.

Le Danemark, situé à l'entrée de la mer Baltique, se divise en provinces continentales et en îles.

Les provinces continentales sont au nombre de trois : le Jutland, le Holstein, le Lauenbourg.

Les îles sont : les îles danoises, dans la Baltique, dont les principales sont : Seeland et Fionie; les îles Féroë dans l'Atlantique et l'Islande.

La capitale, *Copenhague*, située dans l'île de Seeland, est une des plus belles villes de l'Europe; elle compte

125,000 habitants. Rœskilde fut jadis la capitale du Danemark; Wiborg, ville industrielle : la foire annuelle y attire un grand nombre d'étrangers.

Le Danemark a quelques possessions en Asie et en Amérique.

La Suède a pour bornes au Nord, l'Océan glacial arctique ; à l'Ouest, l'Atlantique et la mer du Nord ; au Sud, le Skager-Rack et la Baltique; à l'Est, la Baltique, le golfe de Botnie et la Russie.

Elle se divise en deux royaumes, la Suède et la Norwége.

La Suède se divise en trois grandes provinces qui sont : la Suède proprement dite, la Gothie ou Gothland et le Nordland.

Les villes principales sont Stockholm, la capitale, bâtie sur les sept îles du lac Mélar : Fahlun, renommée pour ses mines de cuivre, Upsal, Gothenbourg, Norkœping, qui a de nombreuses fabriques.

La Norwége, bien que faisant partie de la Suède, a une administration séparée. Elle se divise en trois provinces, le Sondenfields, le Nordenfields et le Nordland.

Les villes principales sont : *Christiana*, la capitale; Frederikshald, petite ville célèbre par les siéges qu'elle a soutenus; Charles XII fut tué devant ses murs; Stavanger, qui fait un immense commerce de harengs, Brontheim, Bergen, Hamerfest, le port le plus commerçant de l'ancien continent.

Les îles qui dépendent de la Suède sont : les îles Loffoden, Tromsœ, Vigten; c'est entre ces trois îles que se trouve le Mael-Strœm, courant terrible qui attire les navires et les broie contre les rochers. L'île de Gothland semble être le berceau des Goths; Œland est encore une île importante de la Baltique.

La Russie a pour bornes : au Nord l'Océan glacial arctique; à l'Ouest, la Suède, le golfe de Botnie, la Baltique, la Prusse et l'Autriche; au Sud, la Turquie d'Europe, la mer Noire, la Turquie d'Asie et la Perse; à l'Est, la mer Caspienne, le fleuve Oural, les monts Ourals et le petit fleuve Kara.

En Europe, l'empire russe comprend : 1° la Russie qu'on nomme Russie d'Europe et le grand duché de

Finlande; 2° le royaume de Pologne, et 3° quelques îles.

Il se subdivise en cinquante-deux provinces qui portent généralement le nom de leurs chefs-lieux.

Les îles qui dépendent de la Russie sont : la Nouvelle-Zemble, Vaigatch, Kalgouer, dans l'Océan glacial arctique; Alan, Dago, Œsel, dans la mer Baltique.

La capitale de toutes les Russies est *Saint-Pétersbourg*, ville bâtie par Pierre le Grand sur plusieurs îles que rattachent des ponts magnifiques. La population est de 550,000 habitants.

Les villes principales sont : Cronstadt, une des places les plus fortes du monde; Riga, sur la Duna, dans le golfe de Livonie, est une des villes les plus commerçantes du globe; Moscou, l'ancienne capitale, fut brûlée par les Russes, en 1812, et qui fut rebâtie. On y admire le Kremlin, l'ancienne cathédrale et l'ancien palais des czars; Smolensk compte encore 16 à 18,000 habitants; Nijnii-Novogorod, célèbre par la foire qui s'y tient annuellement; Kiew, très-ancienne ville, fut, avant Moscou, la capitale de la Russie; Arkhangel, ville commerçante, où, au mois de décembre, le jour n'est que de quatre heures, tandis qu'il est de vingt et une heures en été; Poltava, près du Dniéper, où Pierre le Grand remporta une victoire signalée sur le roi de Suède, Charles XII, en 1709; Varsovie, l'ancienne capitale de la Pologne; Kalisch, qui a une école militaire; Lublin, où l'on visite les restes du château de Casimir le Grand, le palais de Sobieski et une synagogue qui a été bâtie sur des proportions gigantesques.

La France a pour bornes, au Nord, l'Allemagne et les Pays-Bas; à l'Ouest, le Pas-de-Calais, la Manche et l'Atlantique; au Sud, les Pyrénées et la Méditerranée; à l'Est, le Var, les Alpes, le Rhône, le Jura et le Rhin.

La France compte aujourd'hui 89 départements et une population qui dépasse 37 millions d'habitants.

Les villes principales sont : *Lyon*, la deuxième ville de France; *Marseille*, remarquable par son port; *Bordeaux*, le centre du commerce vinicole; *Toulouse*, *Nantes*, *Rouen*, *Versailles*, *le Havre*, *Cherbourg*, *Lille*, *Soissons*, *Dijon*, *Nice*, *Chambéry*, qui vient d'être annexé à la France.

La France possède en Afrique : l'Algérie, la colonie du Sénégal, l'île Mayotte, l'île Sainte-Marie, l'île de la Réunion, etc.

En Asie : Pondichéry, Chandernagor, etc. ; elle vient de fonder un établissement en Cochinchine.

En Amérique : la Martinique, la Guadeloupe, Marie-Galante, la Désirade, la Guyane française, Saint-Pierre, Miquelon, etc.

En Océanie : les Marquises, la Nouvelle-Calédonie et la petite île de Taïti.

La Belgique a pour bornes : au Nord, les Pays-Bas ; à l'Ouest, la mer du Nord ; au Sud, la France ; à l'Est, l'Allemagne et les Pays-Bas.

La Belgique se subdivise en neuf provinces : le Brabant, le Hainaut, la Flandre orientale, la Flandre occidentale, le Limbourg belge, le Luxembourg belge et les provinces d'Anvers, de Liége et de Namur.

La capitale, *Bruxelles*, a une population de 247,000 h. Les villes principales sont : *Louvain, Anvers, Bruges, Liége,* etc.

La Hollande a pour bornes au Nord et à l'Ouest, la mer du Nord ; au Sud, la Belgique ; à l'Est, l'Allemagne.

Elle se divise en douze provinces : la Hollande septentrionale, la Hollande méridionale, la Zélande, le Brabant septentrional, la province d'Utrecht, la province de Gueldre, l'Over-Yssel, la province de Prenthe, la province de Groningue, la Frise, le Limbourg hollandais et le Luxembourg hollandais.

Capitale *Amsterdam*, la ville la plus importante du royaume, ce qu'elle doit à sa population de 240,000 âmes et à son port, qui peut contenir mille vaisseaux.

Villes principales, *la Haye*, ville de cour, où la population presque tout entière parle le français, 64,000 âmes ; *Rotterdam, Saardam, Leyde, Utrecht, Nimègue, Groningue, Berg-op-Zoom.*

La population des diverses colonies de la Hollande dépasse 18 millions d'habitants.

La Suisse a pour bornes, au Nord, l'Allemagne ; à l'Ouest, la France, au Sud, l'Italie, à l'Est, l'Autriche.

C'est un Etat fédéral partagé en vingt-deux cantons ou Etats particuliers, indépendants les uns des autres.

Les vingt-deux cantons sont : Appenzell, Saint-Gall, Thurgovie, Schaffouse, Zurich, Zug, Argovie, Bâle, Soleure, Berne, Fribourg, Neufchâtel, Vaud, Genève, le Valais, le Tessin, les Grisons, Glaris, Schwitz, Lucerne, Underwald et Ury.

La diète qui représente cette confédération se réunit successivement à Berne, à Lucerne, à Zurich, qui sont ainsi les trois capitales de la Confédération suisse. *Berne* est la plus importante; on remarque surtout l'arsenal et la cathédrale; *Lucerne* est une jolie ville très-ancienne; elle fait un grand commerce de transit avec la France, l'Allemagne et l'Italie; *Zurich*, située sur le lac du même nom, est renommée pour ses beaux points de vue.

L'EMPIRE D'AUTRICHE est borné : au Nord par le royaume de Saxe, la Prusse et la Russie; au Sud par les Etats italiens, la mer Adriatique et la Turquie; à l'Ouest par les Etats italiens, la Suisse et la Bavière.

La capitale est *Vienne*, sur le Danube; c'est la plus grande ville d'Allemagne. Elle a une population de 500,000 âmes. Les villes principales sont : *Inspruck*, capitale de l'ancien royaume du Tyrol; *Trieste*, ville très-importante, à l'extrémité N.-E. de l'Adriatique; *Prague*, ancienne capitale de la Bohême, a encore une population de 150,000 habitants; *Cracovie*, ancienne capitale de la Pologne, 50,000 hab.; *Bude*, 40,000 hab., est le siége du gouvernement civil et militaire. Elle communique par un pont de bateaux long d'un kilomètre avec *Pesth*, qui a 100,000 hab.; *Zara*, port important sur l'Adriatique.

La Prusse a pour bornes : au nord, la Baltique et le Mecklembourg; à l'ouest, le Hanovre; au sud, la Saxe et l'Autriche; à l'est, la Pologne et la Russie.

Le royaume de Prusse se compose de deux territoires principaux. Le premier comprend les cinq sixièmes de la monarchie; le second fut réuni en 1815 à la monarchie prussienne; il a porté quelque temps le titre de grand-duché du Bas-Rhin, et est aussi appelé Prusse rhénane.

La Prusse se divise en dix provinces, dont sept font partie de la Confédération germanique. Ce sont : le Brandebourg, la Poméranie, la Silésie, la Saxe, la Westphalie, la province rhénane, la province de Hohenzollern.

Les trois provinces qui ne font pas partie de la Confédération sont : la province de Prusse, la Prusse occidentale et le grand-duché de Posen.

Les villes principales sont : *Berlin,* la capitale, qui a 450,000 hab.; *Potsdam,* seconde résidence royale; *Brandebourg,* remarquable par ses manufactures de drap; *Breslau,* qui a une population de 130,000 âmes; *Magdebourg,* ville forte; *Munster,* où fut signé le traité de Westphalie; *Cologne,* ville forte et très-ancienne; *Dantzig,* près de l'embouchure de la Vistule, le principal port du royaume; *Trèves,* ville très-ancienne, qui a été la capitale de la Gaule-Belgique.

La CONFÉDÉRATION GERMANIQUE est formée d'une partie de la Prusse et de l'Autriche et des Etats secondaires de l'Allemagne.

Ces Etats sont au nombre de trente-quatre. Ils se composent de quatre royaumes :

1° La *Bavière,* cap. Munich, 4,070,000 hab.;
2° La *Saxe,* cap. Dresde, 1,400,000 hab.;
3° Le *Hanovre,* cap. Hanovre, 1,550,000 hab.;
4° Le *Wurtemberg,* cap. Stuttgard, 1,520,000.

De six grands duchés :

5° *Bade,* cap. Carlsruhe, 1,130,000 hab.;
6° *Hesse-Darmstadt,* cap. Darmstadt, 700,000 hab.;
7° *Saxe-Weimar,* cap. Weimar, 220,000 hab.;
8° *Mecklembourg-Strelitz,* cap. Strelitz 77,000 hab.;
9° *Mecklembourg-Schwerin,* capitale Schwerin, 431,000 hab.;
10° *Oldenbourg,* cap. Oldenbourg, 241,000 hab.

Un électorat :

11° *Hesse Electorale,* cap. Cassel, 592,000 hab.

Huit duchés :

12° *Nassau,* cap. Wiesbaden, 337,000 hab.
13° *Brunswick,* cap. Brunswick, 242,000 hab.;
14° *Saxe-Cobourg-Gotha,* cap. Cobourg, 125,000 h.;
15° *Saxe-Meiningen-Hildburghausen,* cap. Meiningen, 130,000 hab.;
16° *Saxe-Altenbourg,* cap. Altenbourg, 107,000 h.;
17° *Anhalt-Dessau,* cap. Dessau, 56,000 hab.;
18° *Anhalt-Bernbourg,* cap. Bernbourg, 38,000 hab.;
19° *Anhalt-Cœthen,* cap. Cœthen, 34,000 hab.

Un landgraviat :

20° *Hesse-Hambourg*, cap. Hambourg, 21,000 hab.

Dix principautés :

21° *Reuss* (branche aînée), ou Reuss-Griez, cap. Griez, 30,000 hab.;

22° *Reuss* (branche cadette), cap. Gera, 27,000 hab.;

23° *Schwarzbourg-Rudolstadt*, cap. Rudolstadt, 57,000 hab.;

24° *Schwarzbourg-Sonderhausen*, cap. Sonderhausen, 48,000 hab.;

25° *Lippe-Detmold*, cap. Detmold, 76,000 hab.

26° *Lippe-Schauenbourg*, capitale Buckebourg, 26,000 hab.;

27° *Valdeck*, cap. Corbach, 54,000 hab.;

28° *Hohenzollern-Hechingen*, capitale Hechingen, 15,000 hab.;

29° *Hohenzollern-Sigmaringen*, cap. Sigmaringen, 38,000 hab.;

30° *Lichtenstein*, cap. Vadutz, 6,000 hab.

Quatre villes libres ou républiques :

31° *Lubeck*, 47,000 hab.;

32° *Francfort sur le Mein*, 64,000 hab.;

33° *Brême*, 57,000 hab.;

34° *Hambourg*, 135,000 hab.

Le PORTUGAL est borné au nord et à l'est par l'Espagne; au sud et à l'ouest par l'océan Atlantique.

Il se divise en six provinces, qui sont : l'Estramadure, Minho, Beira, Tras-os-Montes, Alentejo et Algarve.

Les villes principales sont : *Lisbonne*, la capitale, une des plus grandes villes de l'Europe, son port est vaste et sûr et fait un grand commerce; *Alhamdra*, ville importante par ses fabriques; *Rio-Maïor*, la place la plus forte du royaume; *Setubal*, qui a un port magnifique; *Braga*, ville très-ancienne, industrieuse et commerçante; *Coïmbre*, où se trouve l'Université; *Bragance*, érigée en duché en 1442, donne son nom à la famille régnante; c'est une ville importante par ses manufactures de soieries.

Le Portugal possède en Afrique quelques colonies sans importance sur la côte de Sénégambie.

En Asie : Goa, Damaun, Dui, Macao.

En Océanie, l'île de Timor. La population des colonies portugaises dépasse 2 millions d'habitants.

L'ESPAGNE est bornée, au nord, par la France et l'Océan Atlantique; à l'est, par la Méditerranée; au sud, par la Méditerranée et l'Océan Atlantique; à l'ouest, par l'Océan Atlantique et le Portugal.

L'Espagne est divisée en quarante-neuf provinces administratives, qui sont :

1° La capitainerie générale de la Nouvelle-Castille, chef-lieu *Madrid*, capitale de la monarchie, sur le Manzanarès, 240,000 hab.;

2° La capitainerie générale de la Vieille-Castille, du royaume de Léon et des Asturies, capitale *Valladolid,* 25,000 hab.; villes principales : *Burgos,* 12,000 hab.; *Léon,* 12,000 hab.;

3° La capitainerie générale de Galice, chef-lieu *la Corogne,* 28,000 h., grand port de commerce; ville principale, *Saint-Jacques de Compostelle,* pèlerinage célèbre;

4° La capitainerie générale d'Estramadure, chef-lieu *Badajoz,* sur le Guadiana, place forte de 14,000 hab.;

5° La capitainerie générale d'Andalousie, chef-lieu *Séville*, autrefois capitale du royaume du même nom, sur le Guadalquivir, ville industrieuse et commerçante; elle a une université; villes principales, *Cadix,* dans l'île de Léon, 61,000 hab.; *Cordoue,* autrefois capitale du royaume du même nom;

6° Capitainerie générale de Grenade, formée du royaume de Grenade, l'une des quatre divisions de l'ancienne Andalousie, chef-lieu *Grenade;*

7° Capitainerie générale de Valence et de Murcie, chef-lieu *Valence*, jadis capitale du royaume de ce nom, ville commerçante et industrieuse, 70,000 hab.;

8° Capitainerie générale de Catalogne, chef-lieu *Barcelone*, deuxième ville d'Espagne, université, 130,000 hab.;

9° Capitainerie générale des Baléares, chef-lieu *Palma,* sur le golfe du même nom, dans l'île de Majorque, 36,000 hab.;

10° Capitainerie générale d'Aragon, chef-lieu *Saragosse,* sur l'Ebre, 50,000 hab.;

11° Capitainerie générale de Navarre, chef-lieu *Pampelune,* sur l'Arga, place forte, 15,000 hab.;

12° Commandement militaire des Provinces basques, chef-lieu *Saint-Sébastien,* place forte, port de commerce, 15,000 hab.

L'Espagne possède, en Afrique, Ceuta et les Canaries. En Amérique, l'île de Cuba, la Havane.

En Océanie, l'archipel des Philippines.

L'Italie, qui compte près de 22,000,000 d'hab., est bornée : au nord par la Suisse et par le Pô inférieur ; à l'est par le Tyrol, la Vénétie et l'Adriatique ; au sud-est et au sud par la Méditerranée ; à l'ouest par la Méditerranée, les Etats de l'Eglise et les Alpes.

Depuis la guerre de 1859, l'Italie a été transformée. Les États qui la composaient autrefois se sont fondus avec le royaume de Sardaigne, en sorte qu'il ne reste plus en Italie que deux monarchies : le royaume de Victor-Emmanuel, nommé *royaume d'Italie* par un parlement italien réuni à Turin, en 1861 ; et les *États de l'Eglise*, qui ont été réduits à l'ancien patrimoine de Saint-Pierre.

Le gouvernement du royaume d'Italie est une monarchie constitutionnelle.

Les villes principales sont : *Turin*, sur le Pô, capitale du Piémont et de tout le royaume ; c'est une des villes les mieux bâties d'Italie, 180,000 hab. *Gênes*, place forte, importante par son vaste port et la magnificence de ses palais, 120,000 hab. *Milan*, la plus grande ville du nord de l'Italie, 220,000 hab. *Parme*, ville épiscopale, 40,000 hab. *Plaisance*, près du Pô, avec une forte citadelle, 28,000 hab. *Modène*, au nord-ouest de Florence, entre la Secchia et le Panaro, 27,000 hab. *Carrare*, si célèbre par ses marbres blancs, 5,000 hab. *Bologne*, célèbre par son université, 75,000 hab. *Ferrare*, 25,000 hab. *Ravenne*, 16,000 hab. *Florence*, une des plus belles villes d'Italie, 115,000 hab. *Livourne*, port franc, grand entrepôt de commerce, 80,000 hab. *Lucques*, 24,000 hab. *Pise*, célèbre par son université et ses monuments, 20,000 hab. *Sienne*, renommée pour ses marbres, 18,000 hab. *Ancône*, place forte sur l'Adriatique, 35,000 hab. *Naples*, capitale de l'ancien royaume de ce nom, la plus grande ville de l'Italie, célèbre par la fertilité de son territoire, la douceur de son climat et la beauté de ses environs, 490,000 hab. *Tarente*, sur le golfe du même nom, 15,000 hab.

En Sicile, *Palerme*, capitale de l'île, grande ville de commerce et d'industrie, 186,000 hab. *Messine*, un des plus beaux ports de l'Europe, 95,000 hab.

La petite république de *Saint-Marin*, enclavée dans les Marches, ne comprend que la ville de Saint-Marin et quatre petits villages, 8,000 hab.

Les *Etats de l'Eglise* ou *du Pape*, appelés aussi *Etats romains*, ne comprennent plus que neuf provinces, savoir huit délégations et le comarque de Rome. Villes principales : *Rome*, capitale de la chrétienté et siége du gouvernement pontifical, la première ville du monde pour les antiquités, les beaux-arts et les monuments, 197,000 hab. *Civitá-Vecchia*, port franc et port militaire, 10,000 hab.

La TURQUIE est bornée : au nord, par la Russie et l'Autriche ; à l'ouest, par l'Autriche et l'Adriatique ; au sud, la Grèce, l'Archipel et la mer de Marmara ; à l'est, le canal de Constantinople et la mer Noire.

La Turquie se subdivise en six parties : la Roumélie ou Roumanie, la Bulgarie, la Thessalie, l'Albanie, la Bosnie et les îles.

Elle a en outre plusieurs principautés tributaires, qui sont : la Servie, la Valachie, la Moldavie.

La capitale est *Constantinople*, sur le Bosphore, elle a 600.000 habitants. Les villes principales sont : *Belgrade*, sur le Danube, ville très-forte ; *Bukarest*, la plus grande ville des provinces situées au nord du Danube ; *Andrinople*, ancienne capitale de la Turquie ; *Salonique*, port très-commerçant, sur le golfe de son nom. La Turquie possède en Europe les îles de Candie, de Tasso, de Lemno.

En Asie, l'Anatolie, la Syrie.

En Afrique, l'Egytpe, Tripoli et Tunis.

La GRÈCE a pour bornes : au nord, la Turquie ; à l'ouest, la mer Ionienne ; au sud, la Méditerranée ; à l'est, l'Archipel. Elle se divise en trois parties, qui sont : la Grèce septentrionale, la Morée et les îles.

La capitale est *Athènes*, 25,000 hab., une des villes les plus célèbres de l'antiquité. Les villes principales sont : *Lépante, Corinthe, Patras*, près du golfe de ce nom ; *Navarin*, port sur la mer Ionienne ; *Nauplie*, qui a été quelque temps le siége du gouvernement.

Parmi les îles on remarque : *Négrepont*, *Hydra*, les *Cyclades*, *Corfou*, *Paxo*, *Céphalonie*, *Cerigo* (l'ancienne Cythère).

ASIE.

Ce vaste continent se trouve compris entre le 24° de longitude orientale et le 172° de longitude occidentale. Il est borné au nord, par la mer Glaciale; à l'est, par le Grand Océan; au sud, par la mer des Indes; à l'ouest, par la mer Rouge, l'isthme de Suez, la Méditerranée, l'Archipel, la mer de Marmara, la mer Noire, le Caucase, la mer Caspienne, l'Oural et les monts Ourals.

Sa plus grande longueur, depuis le détroit de Behring jusqu'au cap Bas-Bad, près de Djidah, est évaluée à 12,800 kilomètres; sa plus grande largeur absolue, du cap Severo-Vostoknoï au cap Amdjong-Bourou, est de 9,700 kilomètres.

Les mers de l'Asie sont au nombre de treize, dont les plus grandes sont: l'Océan Glacial arctique, qui baigne toute la côte septentrionale du continent asiatique; le Grand Océan boréal, qui se subdivise en une infinité de mers plus ou moins étendues le long de la côte orientale de l'Asie; la mer du Japon, appelée aussi mer de Corée; la mer de Toung-Haï, appelée aussi mer Bleue; l'Océan Indien, la mer Méditerranée, la mer Caspienne et la mer Noire.

Les principaux golfes de l'Asie sont: celui de Tonquin ou de Cochinchine, formé par la mer de la Chine; le golfe de Bengale, formé par la mer des Indes et appelé ainsi du nom de la contrée située à son extrémité; le golfe d'Oman, ou Arabique, une des subdvisions de la mer des Indes; le golfe Persique, formé par la mer des Indes et commun à la Perse et à l'Arabie et communiquant au golfe d'Oman par le détroit d'Ormuz.

Les détroits de l'Asie les plus remarquables sont: le détroit de Behring, qui la sépare de l'Amérique; la Manche de Tartarie, qui sépare la Mandchourie de la grande île de Tarrakoï; le détroit de Lapeyrouse; le détroit de Corée, entre la Chine et la péninsule de ce nom; le détroit de Singapore, à l'extrémité de la péninsule de Malacca; le détroit de Malacca, entre la péninsule de ce nom et l'archipel de Sumatra; le détroit de Manaar, entre la péninsule de l'Inde et l'île de Ceylan; le détroit d'Ormuz; le détroit de Bab-el-Mandeb, entre le golfe d'Oman et la mer Rouge.

Les principaux caps sont : le cap Kerempeh, sur la mer Noire; le cap Baba, pointe occidentale du continent asiatique; le cap Macadan, à l'entrée du golfe Persique; le golfe Avarella, dans la Cochinchine; le cap Lapatka, qui forme l'extrémité méridionale du Kamtchatka; le cap Oriental, dans le détroit de Behring; le cap Sviatoïnoss, dans la province de Iakoutsk; le cap Nord, point extrême de l'ancien continent, le cap Negrais, et le cap Comorin.

Les archipels et les îles se trouvent disséminés en très-grand nombre dans les mers asiatiques. Dans l'Océan Glacial arctique on remarque la Nouvelle-Sibérie, l'archipel des Ours ; dans le Grand Océan, l'île Saint-Laurent, l'archipel des Kouriles, l'île Nyphon, l'archipel de Corée, l'île Formose, l'archipel de Jean-Polocki, de Lieou-Tcheou, le groupe de Ceylan, les archipels des Laquedives et des Maldives dans le golfe Persique, l'archipel Corallien; dans la mer Méditerranée, les îles de Chypre, de Rhodes, de Samos, de Chio, de Mételin, qui forment le groupe connu sous la dénomination d'Archipel grec.

L'Orographie asiatique est divisée par les géographes modernes en cinq systèmes principaux : système oriental ou altaï-himalaya, système occidental ou tauro-caucasien, système arabique, système indien, système ouralien.

Nous classerons les fleuves de l'Asie en leur donnant comme centres communs les mers dont ils sont les affluents.

L'Océan Glacial arctique reçoit l'Ob ou Obi, qui prend sa source au pied des petits Altaïs, dans l'empire chinois; le Ienisseï, qui prend aussi sa source dans l'empire chinois, sur le versant oriental des monts Kang-Haï ; la Lena, immense cours d'eau qui arrose la partie orientale de la Russie asiatique; l'Irtyche et la Selinga.

Dans le Grand Océan, l'Amour ou Saghalien-Oula, qui forme la limite entre la Russie d'Asie et l'empire chinois; le Houang-Po ou fleuve Jaune, un des plus grands cours d'eau de la Chine; le Kiang ou Ho-li-Kiang, *fleuve par excellence,* qui se jette dans le golfe de Tonquin par plusieurs embouchures.

Dans l'Océan indien, l'Irawaddy, qui traverse l'empire Birman et l'Inde transgangétique; le Gange et le Brahmapoutre, qui arrosent les contrées les plus fertiles de l'Inde; le Sindh ou Indus, commun à l'empire chinois, à l'Afghanistan et à l'Hindoustan.

Dans le golfe Persique, le Tigre et l'Euphrate, qui forment la limite de la Turquie d'Asie et de la Perse.

Dans la mer Caspienne, l'Oural, qui prend sa source dans la Turquie d'Asie.

Nous signalerons, parmi les lacs et canaux de l'Asie, la mer Caspienne, le plus étendu des lacs du globe; le lac Oural et le Telé-Koul, dans la partie occidentale du Turquestan indépendant; le Kuban-Koulak, dans la région habitée par les Kisghiz; le Lop, dans le Thian-Chau-Nanlou, dépendance de l'empire chinois; le Namtso, le plus grand des lacs thibétains; le Zerrah, dans le royaume de Caboul: le Bakhtighian, dans la Perse; le lac de Van, dans l'Arménie; la mer Morte, dans l'Asie ottomane; le Dzaisang, dans l'empire chinois; le Baïkal, dans la Russie d'Asie; le Taïmour, dans l'île des Samoyèdes; le lac d'Erivan, dans l'ancienne Arménie persane.

Parmi les canaux, le Ya-Ho, ou Canal impérial, a plus de 1,200,000 mètres de longueur, et met en communication Pékin et Canton. Dans l'empire d'Annam, on trouve les deux canaux d'Hué et de Saïgon. L'Inde, la Perse et l'Asie ottomane avaient anciennement un grand nombre de canaux, devenus impraticables et à moitié comblés; mais la Syrie et la Mésopotamie sont encore fécondées par l'irrigation artificielle, ainsi que les parties cultivées du Turkestan indépendant.

Le continent asiatique a aussi ses déserts et ses steppes, et la Sibérie n'est, à proprement parler, qu'une immense étendue de steppes glacées.

Les principaux volcans sont dans la presqu'île du Kamtchatka. L'île de Ieso et celle de Kinsin sont si volcaniques, qu'on a donné à la baie qui les avoisine le nom de la baie des Volcans. On trouve aussi des cratères qui lancent des flammes dans les Kouriles et le détroit de Sangar. Le cône de ce dernier n'a pas moins de cinquante mètres de hauteur.

L'Asie possède tous les minéraux précieux ou utiles toutes les variétés de pierres précieuses.

Sous le rapport de la végétation, elle peut se diviser en trois zônes : celle du nord, qui ne produit que des mousses et des arbres rachitiques ; celle du centre, où l'on rencontre par intervalle les productions des climats tempérés ; celle du midi, qui n'a que deux saisons et où la nature déploie une magnificence qui n'appartient qu'aux terres situées entre les tropiques et où l'on fait ordinairement deux récoltes par an. On cultive en Asie toutes les céréales, mais plus particulièrement le riz ; on remarque, parmi les végétaux qui servent habituellement à la nourriture de l'homme, toutes les plantes légumineuses d'Europe et une grande variété de fruits les plus savoureux, tels que l'igname et l'ananas. Les arbres à fruits de l'Europe appartiennent également à l'Asie. Plusieurs même en sont originaires, tels que le cerisier, le pêcher, l'abricotier ; mais les espèces sont plus nombreuses et plus variées.

Les races d'animaux sont aussi nombreuses, aussi variées en Asie que les productions du règne végétal. Dans quelques steppes de la Sibérie, de la Chine, du Turkestan et de la Perse, on trouve des chevaux sauvages ; les coursiers arabes jouissent depuis des siècles d'une renommée universelle. On trouve aussi dans plusieurs régions de ce vaste continent de belles espèces d'ânes et de chèvres, parmi lesquelles il faut signaler celles de race thibétaine, qui donnent le meilleur duvet avec lequel on fabrique les riches tissus connus sous le noms de cachemires. Le buffle, le chameau, le dromadaire, y vivent à l'état domestique et sauvage ; l'éléphant y a aussi ce double caractère, de même que le renne dans la Russie asiatique. Mais les naturalistes considèrent comme tout à fait sauvages le rhinocéros, la civette, le singe, le cerf, etc. Les bêtes féroces les plus remarquables sont le lion, le tigre, la panthère, le léopard, l'ours, etc. La Sibérie nourrit des animaux de toute taille qui fournissent les fourrures les plus rares, la zibeline, le renard, la martre, l'hermine, l'écureuil, etc.

On y trouve les plus grands reptiles du monde ; dans ses rivières vivent le crocodile et l'hippopotame.

GÉOGRAPHIE POLITIQUE.

L'ASIE OTTOMANE OU TURQUIE D'ASIE, 14,000,000 hab. — C'est dans cette région qu'ont eu lieu les événements les plus importants de l'histoire; c'est dans cette contrée que l'homme fut créé, et que l'on croit pouvoir indiquer l'endroit où dut se trouver le Paradis terrestre.

La Turquie d'Asie est divisée en dix-sept *eyalets* ou *pachaliks* qui correspondent à six contrées principales: l'Asie Mineure ou l'Anatolie, l'Arménie, le Kurdistan, l'Aldjezirch ou Mésopotamie, l'Irak-Arabi et la Syrie.

1° L'ASIE MINEURE se subdivise en plusieurs provinces: l'Anatolie, l'Adana, la Caramanie, le Marach, le Sivas, le Trébizonde.

On remarque, parmi les villes principales : *Trébizonde*, chef-lieu du pachalik de ce nom, est une ville très-importante par son port sur la mer Noire et son grand commerce avec la Perse et la Géorgie.

Smyrne, 150,000 hab., est une des villes les plus importantes par son commerce. Les Européens y occupent un quartier séparé qu'on appelle le quartier Franc.

Rhodes, siége du gouverneur général de l'Archipel ottoman, dans l'île du même nom, importante par ses fortifications.

2° L'ARMÉNIE comprend, avec une portion du Kurdistan et de la Géorgie, les provinces d'Erzeroum, de Van et de Kars.

La capitale, *Erzeroum*, atteint une population d'à peu près 100,000 âmes; elle fait un immense commerce avec la Perse et la Syrie.

3° Le KURDISTAN comprend la province de Chehrezour. Ce pays est habité aujourd'hui par les Kurdes, peuplades à moitié sauvages.

Parmi les villes on remarque: *Betlis*, qui est la résidence des pachas; *Mossoul*, qui est situé à peu de distance des vestiges de l'ancienne *Ninive*.

4° La MÉSOPOTAMIE ou AL-DJEZIREH, contient parmi ses villes principales : *Orfa*, l'ancienne Edesse qui fut bâtie sur les ruines d'*Ur*, patrie d'Abraham; *Nezib*, où les Turcs furent battus en 1839 par Ibrahim-Pacha.

5° L'IRAK-ARABI, d'après les archéologues, est le lieu où se trouvait le Paradis terrestre.

Bagdad, l'ancienne capitale de l'empire des califes, est une des villes principales; quoique bien déchue de sa splendeur, elle compte encore plus de 200,000 habitants.

Bassora, est remarquable par le nombre et l'étendue de ses bazars.

6° La Syrie comprend les eyalets d'Alep, de Damas, d'Acre, de Tripoli, le pays des Nosaïris, des Druzes et des Maronites, et une grande partie de l'ancienne Palestine.

Jérusalem, la ville sainte, est bien déchue de son ancienne splendeur, mais elle attire encore chaque année un grand nombre de pèlerins. *Acre* ou *Saint-Jean d'Acre*, est célèbre par les nombreux siéges qu'elle a soutenus. *Damas*, qui a une population de 200,000 habitants, est une des villes les plus importantes de l'Orient; Nazareth, où s'écoula l'enfance du Sauveur; Djerach, Balbek, Tadmor, petits villages entourés de ruines qui furent autrefois Jerasa, Heliopolis et Palmyre.

La Perse (10,000 000 hab.). — La Perse forme aujourd'hui onze divisions ou provinces, qu'on doit regarder plutôt comme des points géographiques que comme des divisions administratives: l'Irak-Adjemi, le Thabaristan, le Mazandéran, le Ghican, l'Aderbaïdjan, le Kuraïstan, le Khousistan, le Farz, le Kerman, le Kouhistan, le Khorassan oriental.

Parmi les villes principales de la Perse on remarque : Téhéran, qui est la capitale de l'Irak-Adjemi et de toute la Perse; Ispahan, qui a encore aujourd'hui 200,000 habitants; Kachan, renommé pour ses châles et ses tissus; Carbin, qui compte 500,000 habitants; Balfrouch, 100,000 habitants, est la troisième ville du royaume et fait un grand commerce avec la Russie; Chiraz, qui est bien déchue de son ancienne splendeur; le palais du gouverneur est entouré de jardins dont la magnificence étonne les Orientaux eux-mêmes; Tauris, qui est renommée pour ses nombreuses fabriques de soie et de coton.

Afghanistan (5,000,000 hab.). — L'Afghanistan ou royaume de Caboul, le royaume de Kandahar et le Sedjistade forment une grande division connue sous le nom de Perse orientale.

Caboul, la capitale, est la résidence du schah ou padischah de l'Afghanistan ; Candahar, l'ancienne capitale des Afghans, est la ville la plus industrieuse du royaume.

Royaume d'Hérat (1,500,000 hab.). — Ce petit royaume est enclavé entre la Perse, le Turkestan et l'Afghanistan. La capitale, Hérat, ne compte guère que 100,000 habitants ; mais son commerce est fort important, elle fabrique de l'eau de rose plus estimée que celle de Chiraz, et les sabres, dits du Korassan, jouissent d'une grande renommée.

Turkestan (8,500,000 hab.).— Le Turkestan, dont les divisions politiques ont beaucoup changé depuis le commencement de ce siècle, comprend : les Etats de Chersebz, de Hissar, de Boukhara, de Khiva, de Koundouz et de Khakand, et les Kirghiz de la Grande-Horde.

Boukhara, ville de 120,000 habitants, est une des villes saintes de l'islamisme ; Samarkand, fut la capitale de l'empire de Tamerlan ; Khakand fut la principale résidence de Gengis-Khan ; elle compte 150,00 habitants.

Arabie (8,000,000 hab.). — L'Arabie se trouve partagée, aujourd'hui, en un grand nombre de petits Etats indépendants les uns des autres, et fondés avec les débris de l'empire des Wahhabites.

L'Hedjaz comprend l'Arabie Pétrée et le littoral oriental de la mer Rouge, jusqu'à l'Yémen, le grand cherifat de la Mecque, le pays sacré ou Belel-el-Haram, avec les villes de la Mecque et de Médine.

L'Yémen se subdivise en Yémen proprement dit et en Hadramaout. On y trouve des Etats indépendants, dont les principaux sont : l'imanat de Sanaa, l'Etat d'Abou-Arich, le pays de Kobaïl, le pays d'Aden l'Hadramaout, et le pays de Mabra, immense plateau très-peu connu.

La capitale de l'Yémen est Sana, résidence d'un prince qui prend le titre d'iman.

Les Anglais possèdent Aden, à l'entrée de la mer Rouge, où se fait un grand commerce de café.

L'Oman, dont la partie intérieure est peu connue, comprend l'extrémité orientale de l'Arabie. Ses principales divisions sont : l'imanat de Mascate, l'Etat de Belad-Ser, l'Etat de Lahsa et le groupe de Bahra.

Mascate, la capitale, a un grand commerce de perles ;

cette ville est l'entrepôt des produits de la côte d'Afrique, de la mer Rouge et du golfe Persique.

Le Barr-Abad, dont le nom signifie *déserts de l'intérieur,* forme deux divisions principales : le Nedjed et le désert proprement dit. La capitale est Derrych. C'était le siége principal des Ouahabys, qui occupaient autrefois toute l'Arabie.

Inde (200,000,000 hab.). — L'Inde, dans ses grandes divisions géographiques, coordonnées aux divisions politiques actuelles, comprend : l'Indostan méridional, ou Indostan proprement dit, l'Indostan septentrional, le Dekhan septentrional et le Delkan méridional. Ses principales divisions politiques sont : l'empire Anglo-Indien ou Inde Britannique; le royaume de Lahore ou confédération des Seikhs; les principautés de Sindhy, les royaumes de Sindhya et de Népaul; les possessions des puissances européennes, le royaume des Maldives.

L'Inde transgangétique ou orientale, connue aujourd'hui sous le nom d'Indo-Chine, se divise en six zones principales, qui sont : l'Indo-Chine, anglaise ; l'empire Birman, le royaume de Siam, les Etats indépendants de la péninsule de Malacca, l'empire d'Annam et les îles qui appartienent géographiquement à cette partie de l'Asie. Les archipels d'Andaman et de Nikobar sont aussi classés par les géographes parmi les régions de l'Indo-Chine.

Parmi les principales villes de ce vaste pays, on remarque d'abord Calcutta, capitale de la présidence et de toutes les possessions anglaises de l'Asie ; elle compte à peu près 500,000 hab., est située sur l'Hougly, qui y forme un port pouvant recevoir les plus forts navires ; Delhy, ancienne capitale de l'empire du grand Mongol, elle a été le centre de la grande insurrection des Hindous contre les Anglais, en 1857; Oude, capitale de l'ancien royaume de ce nom : on se rappelle que la reine d'Oude et son fils, dépossédés par les Anglais, et venus à Paris pour demander justice à la reine d'Angleterre, y sont morts ; Benarès, 250,000 hab., est le rempart de la foi brahmane : cette ville n'a pas de rivale pour le commerce des pierres précieuses ; Madras, 650,000 h., est une des plus fortes de l'Inde ; Bombay est la capitale de la présidence de ce nom, son port peut contenir mille vaisseaux, la ville a plus de 500,000 habitants.

Saïgon, ville très-importante du royaume d'Annam, a été fortifiée par un ingénieur français; en 1861, une escadre française a pris possession de Saïgon et un établissement français a été fondé sur la côte du royaume d'Annam.

Siam, ancienne capitale du royaume de ce nom, a perdu toute son importance; la capitale actuelle est Bangkok, qui a plus de 400,000 habitants.

L'île de Ceylan, qui appartient aux Anglais, contient plus de deux millions d'habitants; on y pêche des perles très-recherchées.

Il nous reste à parler des possessions de quelques puissances européennes dans l'Inde. La France, autrefois si puissante sur tout le littoral indien, n'y a conservé que Pondichéry, Karikal Yanaon, Chandernagor et Mahé. Les Danois ne possèdent que de nom l'archipel de Nikobar, et leurs établissements se réduisent à Trinquebar, dans le royaume de Tanjaore, à Sirampoure, dans le Bengale. Les possessions du Portugal sont le Bedjapour et le Guzerate.

Japon (34,000,000 hab.) — Le Japon se divise en Japon proprement dit et gouvernement de Matsmaï. Le Japon est partagé en dix régions, subdivisées en plusieurs provinces. Ces régions sont : le Gokinaï, le Tokaïdo, ou contrée de la mer orientale; le Tosando, ou contrée des montagnes orientales; le Fakouro-Koudo, ou contrée du territoire septentrional; le Sanindo, contrée du versant septentrional des montagnes; le Sanyodo, contrée du versant méridional des montagnes; le Nankaïbo, le Saikaïdo, contrée de la mer occidentale; l'île Iki et l'île Tsou-Sima. Le gouvernement de Matsmaï se compose des îles d'Ieso, des Kouriles méridionales et de Tarrakaï.

Jeddo, dans l'île de Nippon, est une des deux résidences impériales; c'est celle qu'habite le koubo, l'empereur temporel. Le palais impérial a trente kilomètres de tour. Myakko est la résidence de l'empereur ecclésiastique ; Kakkodade, petit port de l'île de Ieso, reçoit un assez grand nombre de navires étrangers.

Chine (390,000,000 hab.) — L'empire chinois se compose de deux pays entièrement *soumis*, et de pays vassaux ou *protégés*. La première catégorie forme le grand noyau de l'empire, ou la Chine proprement dite. On y trouve les dix-huit provinces de la Chine qui sont : à l'est, Tchyli, Chan-Si, Chen-Si et Kan-Sou; à l'ouest, Szu-Tchouan, Yun-Nan; au sud, Kouang-Si et Kouang-Thoung. La partie orientale maritime se compose du Fou-Kian, du Tche-Kiang, du Kiang-Sou, du Chan-Toung. Les provinces intérieures sont : le Ho-Nan, l'An-Hoeï, le Hou-Pe, le Kiang-Si, le Hou-Nac et le Koneï-Tcheou.

Le pays des Mandchoux est partagé en trois départements : le Ching-King, le Ghirin et le Sagalien-Oula.

Les pays tributaires sont : la Mangolie proprement dite et le pays des Khaléba; les Kirghiz de la Grande Horde, qui campent aux environs du lac Balkachi; les Bourouts, qui errent près du lac Draïsang, et le pays des Mongols du Khoukhou-Noor, partagé en trente bannières.

Les pays vassaux ou protégés sont : le Thibet ou Si-Zzang, subdivisé en Oui-Zzang-K'ham et Ngari; le pays du Die-Radja ou Boutan, le royaume de Corée et le royaume de Lieou-Khieou.

Pékin est la capitale de tout l'empire, sa population dépasse deux millions; c'est la résidence de l'empereur et de la cour; Nankin est la seconde ville de l'empire, sa population est la même que celle de Pékin; on y voit la célèbre tour de porcelaine, et c'est de cette ville que viennent les étoffes jaunes connues sous le nom de nankin; Canton, dont les Français et les Anglais se sont emparés en 1857, compte un million et demi d'habitants et offre un port commode et spacieux.

Les villes de la Mongolie ne sont pas nombreuses; on ne peut guère citer que Maimatchin, entrepôt du commerce entre la Chine et la Sibérie; Ili, ville assez populeuse, et Ourga, résidence du pontife-dieu des Mongols.

Yarkand, ancienne capitale du Turkestan chinois, a conservé quelques monuments remarquables.

Sibérie (4,500,000 hab.). — La Russie asiatique est partagée généralement en deux régions principales : la Sibérie et la région caucasienne ou Transcaucasie.

La Sibérie se subdivise en onze gouvernements, qui sont : Tobolsk, Tomsk, Semipalatinsk, Kirghiz, Jenisseï, Erkoutsk, Jakoutsk, Trans-Baïkal, Kamtchatka, Perm, Orenbourg.

Les villes principales sont : Tobolsk, 28,000 hab.; résidence du gouverneur général de la Sibérie occidentale, centre d'un très-grand commerce; Irkoutsk, sur l'Angara, est le siége de la compagnie russe d'Amérique pour les pelleteries.

La *Transcaucasie* est divisée en quatre gouvernements, qui sont : Tiflis, Koutaïs, Erivan, Chamakhi.

Les villes remarquables sont : Tiflis, ancienne capitale du royaume de Géorgie, centre d'un grand commerce, 30,000 hab.; Bakou, un des meilleurs ports de la mer Caspienne; Érivan, capitale de l'Arménie russe; Koutaïs, chef-lieu du gouvernement de ce nom.

AFRIQUE

L'Afrique est la troisième partie de l'ancien continent. Cette grande péninsule se détache de la masse du continent asiatique, vis-à-vis de l'Océanie; elle est comprise entre le 38° de latitude Nord et le 35° de latitude Sud, et entre le 29° de longitude Ouest et le 49° de longitude Est Cet immense continent est borné, au nord, par le détroit de Gibraltar, qui le détache de l'Europe; à l'est, par l'isthme de Suez, la mer Rouge, le Bab-el-Mandeb, le golfe d'Aden et l'Océan indien; au sud, par la mer des Indes; à l'ouest, par l'Océan Atlantique. Ses points extrêmes sont : au nord, le cap Serrat, qui se projette dans la Méditerranée; à l'est, le cap Guardafui; au sud, le cap des Aiguilles, et à l'ouest, le cap Vert, qui regarde le couchant et les mers d'Amérique.

La ligne équinoxiale coupe l'Afrique en deux parties presque égales, l'une septentrionale, l'autre méridionale. Sa plus grande largeur, entre le cap Vert et le cap d'Orfui, est de 7,550 kilomètres; sa plus grande longueur, depuis le cap Bugaroni jusqu'au cap des Aiguilles, est de 7,600 kilomètres.

Les mers qui baignent l'Afrique sont ; la Méditerranée, l'Océan Atlantique, le Grand Océan et la mer des Indes.

Les golfes de l'Afrique ne sont, à proprement parler, que des enfoncements, excepté le golfe de Guinée, subdivisé par les géographes modernes en golfes de Benin et de Biasra. Nous devons aussi indiquer le golfe Arabique, et celui de Suez qui en est une subdivision ; le golfe d'Aden, entre le pays des Somanlis, l'Abyssinie et l'Arabie; le golfe de la Sydra, dans l'Etat de Tripoli ; ceux de Cabès et de Tunis, dans le royaume de ce nom.

L'Afrique n'a que deux detroits : celui de Gibraltar, qui la sépare de l'Europe, et celui de Bab-el-Mandeb, dans la mer Rouge.

Les caps les plus remarquables sont : le cap de Fer, dans l'Algérie; le cap Blanc, dans le royaume de Tunis; le cap Tres-Forcas, dans le Maroc; le cap Spartel, à l'entrée du détroit de Gibraltar; le cap Bon, dans le royaume de Tunis; le cap Burlos, qui forme la pointe la plus septentrionale du delta du Nil; le cap de Bonne-Espérance, dans l'Afrique anglaise; le cap des Aiguilles, regardé par les navigateurs et les géographes comme la partie la plus méridionale du continent africain. Sur l'Océan Atlantique, on trouve le cap Vert, qui forme l'extrémité la plus occidentale de l'Afrique; les caps Formose, des Trois-Pointes, Monte, Virga, Lopez, Negro, etc.

Les fleuves principaux sont : le Nil, dont le cours total est de 3,600 à 4,000 kilomètres, il traverse l'Egypte dans toute son étendue, le Sénégal, la Gambie, le Kouara, le Niger, le Couango, le Coanza, renommé pour ses cataractes, qu'on entend à de très-grandes distances; le Zambèze ou Couana, l'Outando.

L'Afrique n'a qu'un très-petit nombre de lacs, proportionnellement à son immense étendue; le plus vaste est, sans contredit, le lac Tchad. Les voyageurs mentionnent ensuite le lac Dibbie ou Djebou, traversé par le Niger, le Kalounga-Kouffoua, découvert par le voyageur d'Anville; le lac Dembea ou Tzana, dans l'Abyssinie; le lac Loudeat, dans l'Etat de Tunis.

Parmi les canaux, on remarque le canal de Joseph, ou Calish-el-Menhi, le canal Abu-Meneggy, le canal de Cléopâtre, rétabli par Mehemet-Ali, pour joindre le Nil au vieux port d'Alexandrie.

L'Afrique est entourée d'îles qui bordent ses côtes : une des plus grandes îles du monde est celle de Madagascar, puis les îles du cap Vert, de Madère, les Canaries, l'île du Prince, l'île Bourbon, l'île Maurice, Sainte-Hélène, Ahlak.

Il y a en Afrique plusieurs grandes chaînes de montagnes, savoir : l'Atlas, les montagnes de Kong, les monts de la Lune, les monts Lupatha et les montagnes de Madagascar.

Les îles africaines renferment plusieurs volcans, parmi lesquels nous remarquerons celui de Ténériffe, dans l'île de ce nom; le Fogo, dans l'archipel du cap Vert, le volcan de la Corona, dans l'archipel des Canaries. Mais sur le continent on trouve peu de volcans actifs.

On trouve en Afrique d'immenses déserts, en tête desquels il faut placer le Sahara algérien, cet océan de sables mouvants qui s'étend depuis l'Atlantique jusqu'à l'extrémité orientale du Gobi. Sur la côte d'Ajan et celle de Cimbibas, on a aussi à traverser d'immenses solitudes; les vastes plaines des Karrous, dans la région hottentote, ne comptent pas un seul habitant aussitôt que finit la saison des pluies; car pasteurs et troupeaux désertent alors ces parages, devenus inhospitaliers.

Ces déserts sont parsemés, à de très-grandes distances, d'oasis qui doivent leur fertilité prodigieuse soit aux montagnes boisées qui les environnent, soit au voisinage d'un fleuve ou d'une fontaine. Au sud de l'Atlas, dit Strabon, s'étend une vaste plaine sablonneuse et pierreuse, qui, semblable à la peau tachetée d'une panthère, est semée d'oasis, c'est-à-dire de terrains fertiles qui s'y sont disséminés comme les îles dans l'Océan.

Ce vaste continent réunit tous les contrastes, la zone torride et les glaces de l'hiver, l'extrême fertilité et la stérilité absolue.

Les productions des parties de l'Afrique visitées par les voyageurs européens sont aussi abondantes que variées; partout où la nature ou la main de l'homme ont conduit de l'eau, la végétation étale une magnificence inconnue aux peuples d'Occident. On y cultive avec succès le froment, le riz, le sorgho, l'orge et toutes les céréales.

Le règne animal présente encore plus de variété et d'originalité que le règne végétal. On trouve en Afrique la plupart des espèces de l'ancien continent; elle en possède même les variétés les plus vigoureuses, les plus belles.

Le chameau, ce vaisseau vivant des mers de sable, comme disent les Arabes, transporte au milieu des déserts les richesses des caravanes; le cheval arabe, le type de son espèce, hennit et fend l'espace à la voix des guerriers.

L'Egypte, l'Abyssinie, la Nigritie fournissent du fer en abondance; les mines de plomb de l'Algérie promettent les plus beaux résultats. L'or abonde dans l'Afrique centrale; on trouve des pierres précieuses dans l'Afrique ottomane; on a même signalé des diamants dans l'Afrique française.

GÉOGRAPHIE POLITIQUE.

Les grandes divisions du continent africain sont : au nord, la Barbarie, l'Egypte, le grand désert du Sahara; à l'ouest, la Sénégambie, la Guinée septentrionale, la Guinée méridionale; au centre, le Soudan et la Nigritie; à l'est, la Nubie, l'Abyssinie, la côte d'Ajan, la côte de Zanguebar; au sud, la côte de Mozambique, la Cafrerie, le gouvernement du Cap.

Afin de simplifier ces grandes divisions politiques, nous adopterons le système de Balbi, qui a partagé toute l'Afrique en cinq grandes régions qui sont :

1° La région du Nil;

2° La région du Mahgreb ou du Sahara Atlas;

3° La région des Nègres ou Nigritie;

4° La région de l'Afrique australe;

5° La région de l'Afrique orientale ou du Zambèze.

I. — La Région du Nil est bornée : à l'est, par l'Asie ottomane, le Bab-el-Mandeb, la mer Rouge et une partie du golfe d'Aden; à l'ouest, par la Nigritie et le Sahara Atlas; au nord, par la Méditerranée; au sud, par l'Afrique orientale et la Nigritie.

Les géographes la subdivisent en trois grandes contrées, qui sont : l'Abyssinie, la Nubie et l'Egypte.

1° L'Abyssinie se subdivise en plusieurs royaumes : celui de Tigré, le plus puissant de tous, capitale Antalow; celui de Gondar ou d'Amhara, capitale Gondar; le royaume d'Ankober, avec une capitale du même nom; le royaume d'Angola; le royaume de Narca, sur un des plateaux les plus élevés. Au sud-ouest, ou pays du Bahr-el-Abiad, se trouvent : le Donga, région très-peu connue; le pays de Chelouk, près du Bahr-el-Abiad; le Denka, sur la rive droite du même fleuve; le Bertak, jadis tributaire du Sennaar; le Kordofan, vaste contrée composée de plusieurs oasis semées au milieu d'un désert; le royaume de Dar-Four, autrefois très-puissant, capitale Cobbe, qui passe pour un des entrepôts principaux du commerce de l'Afrique centrale.

2° La Nubie se subdivise en royaume de Sennaar, en pays de Halfay, de Chendy, de Damer, de Barbar, de Chaykié, de Dongolah, de Mahas, de Sokkot, de Barabras ou Basse-Nubie.

Parmi les villes remarquables, on trouve : Khartoum, au confluent du Nil blanc et du Nil bleu; Dongolah, Sennaar, dont il est fait mention dans la Bible.

3° L'Egypte se subdivise en trois parties, qui sont : l'Egypte haute, l'Egypte moyenne, et l'Egypte basse. Les dépendances politiques de l'Egypte sont les pays de Souez et de Goceyr dans la contrée orientale; de nombreuses oasis, dans la contrée occidentale; de plusieurs districts de la Nubie, d'une partie du Kordofan, de la Mecque, de Djiddat, dans l'Arabie.

Les villes principales sont : le *Caire*, capitale de toute l'Egypte, qui compte près de 300,000 habitants; Damiette, sur le bras du Nil qui porte le même nom, et Rosette, sur l'autre bras, sont deux villes commerçantes.

Alexandrie, ville très-importante, de 160,000 habitants, est la place principale du commerce de l'Egypte avec l'étranger.

II. — La Région du Mahgreb ou Afrique septentrionale, est bornée : à l'est, par la région du Nil; à l'ouest, par l'Océan Atlantique; au sud, par la Nigritie; au nord, par le détroit de Gibraltar. Cette région comprend l'ancienne régence d'Alger, aujourd'hui Afrique française; la régence de Tripoli, l'Etat de Tunis, l'empire du Maroc, l'Etat de Sidi-Hescham; le Sahara, avec ses oasis habitées par des tribus arabes, des Maures et des Nègres.

L'Algérie se divise en trois provinces ou départements, qui sont : Constantine, Alger, Oran.

Les villes principales sont : Alger, résidence du gouverneur général, ancienne résidence du dey; cette ville a une population de 60,000 habitants, dont 40,000 sont Européens; Constantine, chef-lieu du département, très-ancienne ville, située sur l'Oued-Rummel, avec 30,000 habitants; Batna, place militaire importante; Bone, vaste port, centre de l'exploitation des jujubiers;

Oran, chef-lieu du département, est bâtie au bord de la mer; Mascara, ancienne résidence d'Abd-el-Kader.

Les villes principales des autres Etats de la région du Mahgreb sont: *Tripoli,* capitale de la régence de ce nom et résidence du pacha, qui compte 50,000 habitants; Tunis, qui compte aujourd'hui 120.000 habitants, elle a un port et des fortifications; Maroc, 50,000 habitants; remarquable par son immense bazar et ses fabriques de maroquin.

III.—La Région des Nègres ou Nigritie est bornée : à l'est, par l'Afrique orientale; au sud, par l'Afrique australe; à l'ouest par l'Océan Atlantique; au nord, par le Sahara. Cette vaste région, arrosée par un grand nombre de fleuves, est subdivisée par les géographes en quatre parties très-inégales, qui sont: la Sénégambie, la Guinée, le Soudan et le Congo.

1° La Sénégambie comprend : les Etats Iolofs, les royaumes de Oualo, de Cayor, de Bayol, de Syn, le Saloum, le Fouta-Toro, le Bondou, le Barra, le Fouini.

2° La Guinée comprend le Kouranko, le royaume de Soulimia, le royaume de Cap-Monte, le royaume de Sanguin, l'empire des Achantis, le royaume de Dahomey, d'Ardrah, de Baragri, de Lagos, le pays des Calbougos et les petits Etats de Gabon.

3° Le Soudan comprend tous les pays qui appartiennent au bassin du Djolibah ou Niger, et aux Etats du lac Tchad : les Etats de Bourré, Kankan, Ouassalou, Cambarra, Massina, Banan, le royaume de Tombouctou, le royaume de Borgou, les royaumes de Benin, Qua, Kong, Melli, Mosi, Dagoumba, Beghermeh, l'empire de Bournou.

Parmi les villes principales on trouve : Tombouctou, dans le royaume de ce nom, qui a été visité par l'Anglais Lauder et par le Français Caillié; Kano, ville encore considérable, qui a une population de 30,000 à 40,000 habitants.

4° Le Congo comprend les royaumes de Couango, de Mayumba, de Santa-Catharina, de Cacongo, de Sogno. de Congo, de Bomba, de Sala, de Molonas, d'Humé, de Cassagne, de Cancobella, de Holo-Ho, de Ginga, de Biché.

IV. — Région de l'Afrique australe. — Cette région a pour limites : à l'est, l'Océan Indien; à l'ouest, l'Océan Atlantique; au sud, l'Océan Austral; au nord, le

Congo et une partie de l'Afrique orientale. Arrosée par plusieurs fleuves, cette partie du continent africain comprend l'Hottentotie, la Cimbasie, la colonie anglaise du Cap, la Cafrerie, le pays des Betjouanas, et les établissements portugais de la côte de Sofala.

La ville du Cap, qui a environ 30,000 habitants, est la plus forte place de l'Afrique sous le rapport militaire. A quelque distance de la ville se trouve le village de Constance, dont les vins sont fort recherchés en Europe.

V. — Région de l'Afrique orientale. — Cette région est bornée : à l'est, par l'Océan Indien ; à l'ouest, par la Nigritie ; au sud, par l'Océan Indien et l'Afrique Australe ; au nord, par le golfe d'Aden et la région du Nil. La partie intérieure comprend les pays qui formaient autrefois l'empire des Monomotapa, les royaumes de Gingiro, d'Hourbour ou Arbar, qui forment le noyau du fameux royaume nommé Adel par les voyageurs et géographes portugais.

La partie maritime comprend les côtes de Sofala, de Mozambique, de Zanguebar, le royaume de Mélinde, les possessions de l'iman de Mascate, les côtes d'Ajan et des Somanlis. La partie insulaire comprend le grand archipel de Madagascar, le groupe des Comores.

Il nous reste à signaler les possessions des puissances européennes qui forment des divisions politiques très-morcelées.

La régence de Tripoli, la régence de Tunis et la vice-royauté d'Egypte reconnaissent la suzeraineté politique du gouvernement ottoman.

Le Portugal possède en Afrique le gouvernement composé du groupe des îles de Madère, dans l'Océan Atlantique ; le gouvernement du cap Vert, près de la Compagnie française du Sénégal.

L'Angleterre possède les établissements de la Sénégambie, de la Sierra-Leone, de la Côte d'Or, du cap de Bonne-Espérance.

La France possède Saint-Louis et Gorcé, chef-lieu de la colonie du Sénégal, l'île de la Réunion et l'Algérie.

L'Espagne, la Hollande, le Danemark n'ont plus que des établissements insignifiants.

AMÉRIQUE.

Pour se faire une juste idée de l'Amérique, nous

croyons qu'il faut en regarder comme distinctes toutes les terres situées à sa partie boréale, et que tout indique, comme devant être séparées du continent proprement dit. Ainsi réduit à ses dimensions propres, le continent américain s'étend, sans interruption, depuis la pointe Barrow jusqu'au cap Forward, qui termine son extrémité méridionale, sur le détroit de Magellan. Longitude ouest entre 36 et 170°, latitude entre 45° australe et 70° boréale. Si on y comprend toutes les îles qui en dépendent géographiquement, la longitude Est est entre 10 et 170° occidentale, latitude entre 79° boréale et 70° méridionale.

Le nouveau continent est borné à : l'est par l'Océan Arctique, et l'Océan Atlantique; à l'ouest, par le Grand Océan et la mer de Behring, par le détroit de ce même nom qui la sépare de l'Asie; par l'Océan Austral au sud, et par l'Océan glacial boréal au nord.

La configuration particulière de l'Amérique ne permet pas de tirer sans déviation deux lignes allant du nord au sud et de l'est à l'ouest, pour mesurer la largeur et sa longueur. Très-étroit, dans sa partie méridionale, ce continent s'élargit vers le nord, jusqu'à 5° de latitude sud, où, la côte orientale se portant brusquement au nord, puis à l'ouest, il se rétrécit si subitement qu'en moins de 15° de latitude il se resserre pour ne former qu'un isthme dont la plus petite longueur est d'environ 40 kilomètres. Mais à partir de ce point il s'élargit, et à 30° de latitude nord il acquiert tout à coup une largeur de 3,200 kilomètres. Cette largeur continue de s'accroître jusqu'à son extrémité la plus septentrionale.

Cette disposition donne à l'Amérique l'aspect général de deux énormes masses de terre, de forme tout à fait différente, unies par un isthme dont la largeur varie sur plusieurs points. Elle se trouve ainsi séparée en deux grandes péninsules qui ont reçu les noms d'*Amérique septentrionale* et d'*Amérique méridionale.*

La plus grande longueur de l'Amérique septentrionale, mesurée du cap Lisburne, sur l'Océan Arctique dans l'Amérique russe, jusqu'au canal de Bahama, dans les Etats-Unis, à l'extrémité sud-est de la Floride, est de 5,100 kilomètres. Sa plus grande largeur, depuis le cap Charles, dans le Labrador, jusqu'à la côte de l'Etat de Sonora, à l'ouest de Villa-del-Forte, est de 3,774 kilom.

La plus grande longueur de l'Amérique méridionale,

depuis la côte nord-ouest du Rio de la Hacha jusqu'au cap Horn, à l'extrémité de la Terre de Feu est de 5,520 kilomètres. Sa plus grande largeur, depuis le cap San Roque, dans la province de Rio do Norte, dans le Brésil, jusqu'au cap Malabrigo, au nord-ouest de Truillo, dans le Pérou, est de 3,700 kilomètres. La superficie totale des deux péninsules américaines, suivant M. de Humboldt, est de 1,186,900 lieues carrées, de vingt au degré.

Les murs qui entourent l'Amérique sont : l'Océan Glacial, la mer de Baffin, la mer d'Hudson, l'Océan Atlantique, la mer des Antilles, le Grand Océan et la mer de Behring.

On compte un grand nombre de détroits, dont les principaux sont : le détroit de Behring, le détroit d'Isanak, le détroit de Chelekof, le détroit de la Nouvelle-Géorgie, un des plus longs du globe; les détroits de Le Maire, de Magellan, de la Bouche-du-Dragon, de la Floride, de Bahama, de Belle-Ile, d'Hudson, de Cumberland, de Lancaster et Barrow.

Les golfes de l'Amérique sont de véritables mers; on remarque entre autres les golfes de Saint-Laurent, du Mexique, de la Californie, de Tous-les-Saints, de Honduras, du Darien, de Panama, de Kotzebue, de Mackenzie, de Liverpool.

Les côtes de l'Amérique ont pour dépendances des îles nombreuses, dont plusieurs forment des archipels très-étendus. Les principales sont : Terre-Neuve, Cap Breton, Prince-Edouard, Saint-Pierre, Miquelon, l'archipel des Bermudes, l'archipel des Antilles, la Trinité, la Martinique, la Guadeloupe, l'archipel de Bahama, l'archipel des Malouines, l'archipel de Magellan, le groupe des îles Hermite et Diego Ramirez, la Géorgie australe, le petit archipel de Sandwich, les îles du Prince et de Willey, l'archipel des Aléoutiennes, l'archipel patagonien, l'archipel de Chonos, les grands groupes du Groënland, de l'Islande, de l'île Mayen.

Dans l'Amérique du Nord, on trouve les péninsules d'Alaschka, des Tchougaches, des Tchouklchis, la Californie, le Labrador, la Floride, la Nouvelle-Ecosse, Melleville.

Parmi les caps, nous nommerons seulement le cap Farawell, le cap Sable, le cap Saint-Roch, le cap Froward, le cap Horn, le cap Nord, le cap Orange, le cap Cod, le cap Saint-Charles, etc.

C'est en Amérique qu'on trouve les plus grands fleuves du monde, et l'on ne peut se défendre d'un sentiment profond d'admiration à la vue de cette multitude presque innombrable de cours d'eau, qui, se ramifiant dans tous les sens, forment autant de canaux destinés à favoriser les relations commerciales entre les diverses parties de cet immense continent.

Les principaux sont : le Saint-Laurent, l'Orénoque, l'Amazone, le Tocantin, le San-Francisco, le Rio de la Plata, le Mississipi, le Nelson, le Magdalena, l'Oregon, le Mackenzie.

Aucune des autres parties du monde n'offre un aussi grand nombre de lacs que le continent américain. Les principaux sont : les lacs Huron, Supérieur, Michigan, Erié, Ontario, Saint-Clair ; ils forment la masse d'eau connue géographiquement sous le nom de mer du Canada ; les lacs de la Crosse, de l'Ours-Noir, de l'Esclave et du Grand-Ours, le lac Pontchartrain ; les lacs Tezcuco, Xochimilco, Chalco, San-Christobal et Zupango.

Le trait le plus caractéristique du nouveau continent est l'immense chaîne de montagnes et de plateaux qui le parcourt dans toute sa longueur, depuis le cap Horn jusqu'à l'Océan Arctique, et dont la longueur est de plus de 12,000 kilomètres.

Toutes ces montagnes peuvent être divisées en huit catégories, dont trois appartiennent à l'Amérique du Sud, deux à l'Amérique du Nord, et les trois autres aux trois grands archipels qui se développent à l'est et aux deux extrémités, boréale et australe. La portion qui appartient à l'Amérique du Sud s'appelle la Cordillère des Andes. Celle qui traverse l'Amérique centrale reçoit dans le pays les noms de Cordillère, de Veragna, Cordillère d'Oxala, de Guatemala, etc. ; au Mexique, ceux de Cordillère de Mexico, de Sierra-Madre. Vers 30° de latitude nord, elle reçoit le nom de Montagnes-Rocheuses, qu'elle conserve jusqu'au bord de l'Océan Arctique. Nous trouvons, avec M. de Humboldt, les systèmes des Andes ou péruvien, de la Parime ou de la Guyane ; le système brésilien, le système missouri-mexicain, le système alleghanien, le système antillien, le système arctique, le système antarctique.

Les monts volcaniques les plus remarquables sont : l'Hécla, l'Unimack, le Tanaga, Orizaba, Xorullo, Saconusco, Guatemala, Agua, Pocaya, Tajumulco, Antilan.

Il y a des canaux dans tous les États importants de l'Amérique; les plus grands sont: le canal d'Erié, le canal de l'Ohio et le canal de Chesapeak.

Les déserts, très-nombreux, sont stériles et couverts de sables comme ceux de l'Asie et de l'Afrique. On remarque, entre autres, les déserts d'Atacana, de Sechura, de Travesia, de Pernambouc, de Nuttal.

Toutes les contrées situées au-delà des 50e parallèles sud et nord sont froides et ont un sol impropre à la culture des grains d'Europe. Toute l'Amérique danoise, toute l'Amérique russe, à l'exception des contrées abritées par la chaîne maritime, presque toute l'Amérique septentrionale anglaise, appartiennent à cette classe de pays. Les régions élevées de la zone torride et les plaines des deux zones tempérées sont favorables, jusqu'à un certain point, à la culture des céréales de l'Europe, et même à celle de ses fruits, tandis que les contrées chaudes de la zone torride étalent les productions les plus précieuses du règne végétal avec une étonnante profusion.

Sous le rapport zoologique, l'Amérique offre des caractères très-tranchés. Des troupeaux considérables de bisons, d'élans, de cerfs, de chevreuils, d'antilopes, errent dans les prairies ou savanes qui bordent le cours des fleuves ; dans les régions du nord on trouve le renne et le bœuf musqué. Parmi les reptiles, les tortues et les serpents atteignent des proportions monstrueuses ; six espèces de serpents à sonnettes infestent toutes les basses terres de l'Amérique.

Depuis plus de trois siècles, les régions équatoriales de l'Amérique passent avec raison pour la patrie de l'or et de l'argent; en effet, aucune contrée du globe ne possède d'aussi riches mines de ce dernier métal.

Dans le Brésil, on trouve le diamant; dans le Mexique, l'argent, le mercure, le cuivre; le fer dans les Etats de la confédération anglo-américaine , dans le Canada, etc. ; on extrait de la houille dans la Nouvelle-Écosse.

Voici, d'après M. de Humboldt, quelle est la population de l'Amérique : Européens ou descendants d'Européens établis en Amérique : 14,600,000 habitants: Indiens ou Américains indigènes, 10,000,000; nègres esclaves ou libres : 7,400,000; races diverses : 7,000,000.

Nous avons maintenant à envisager le nouveau continent sous le rapport purement géographique. Quelques géographes ont voulu le subdiviser en *Amérique continentale* et *Amérique insulaire,* mais l'usage l'a emporté et on a maintenu les deux anciennes subdivisions en *Amérique du Nord* et *Amérique du Sud.*

AMÉRIQUE DU NORD.

L'Amérique du Nord a pour limites : à l'est, l'Océan Atlantique boréal équinoxial ; à l'ouest, le Grand Océan équinoxial austral, mer de Behring et détroit de ce nom ; au sud, l'isthme de Panama, la mer des Antilles ; au nord, l'Océan Glacial arctique.

Ses grandes divisions politiques et administratives sont : au sud et au sud-ouest, le Mexique et Guatemala ; au centre et à l'ouest, les Etats-Unis; au nord-est, les possessions anglaises; au centre, le pays des Indiens ; au nord-ouest, les possessions russes.

1° La *Confédération mexicaine* occupe le territoire de l'ancienne vice-royauté du Mexique et de la Nouvelle-Espagne. Elle a pour limites : à l'est, la confédération anglo-américaine, le golfe du Mexique et la confédération de l'Amérique centrale; au nord, la confédération anglo-américaine. Cette vaste région se constitua en république par l'acte constitutionnel émané du congrès de 1824. Les *Etats-Unis du Mexique*, titre officiel de cette république, forment aujourd'hui vingt provinces ou départements. Mexico, la capitale, compte 200,000 habitants ; Tezcuco, où se trouve le palais des anciens caciques; Guadalajara, qui compte 80,000 habitants; Puebla, ville de 70,000 habitants , où l'on compte 60 églises magnifiques et 20 couvents, sont les villes les plus importantes.

2° *La Confédération anglo-américaine* ou *Etats-Unis*, a pour limites : à l'est, l'Océan Atlantique, l'Amérique anglaise, le canal de Bahama ; à l'Ouest, le Grand Océan et la confédération mexicaine ; au sud, le golfe du Mexique, le canal de la Floride; au nord, l'Amérique anglaise. Elle se compose actuellement de vingt-six Etats et d'un district fédéral où se trouve la capitale de la confédération.

Les Etats situés sur l'Atlantique sont : le Maine, divisé en dix comtés, capitale Astorga ; le New-Hampshire, divisé en huit comtés, capitale Concord ; l'Etat de Vermont, partagé en quinze comtés, capitale Montpellier ; le Massachusets, partagé en quatorze comtés, capitale Boston ; le Rhode-Island, partagé en cinq comtés, capitale Providence, dans le comté du même nom : le Connecticut, partagé en huit comtés, capitale Hartford.

Dans le centre, l'Etat de New-York, partagé en cinquante-six comtés, capitale Albany, ville principale New-York, la plus peuplée et la plus commerçante de l'Union ; le New-Jersey, partagé en quatorze comtés, capitale Trenton ; l'Etat de Pensylvanie, partagé en cinquante et un comtés, capitale Harrisburg ; l'état de Delaware, partagé en trois comtés, capitale Dover.

Dans le sud : l'Etat de Maryland, partagé en dix-neuf comtés, capitale Annapolis ; le district de Colombie ou fédéral, partagé en deux comtés, capitale Washington ; l'Etat de Virginie, partagé en cent dix comtés, capitale Richmond ; la Caroline du Nord, partagée en soixante-quatorze comtés, capitale Rabigh ; la Caroline du Sud, partagée en vingt-huit districts, capitale Colombia ; la Géorgie, partagée en soixante-seize comtés, capitale Milledgeville ; la Floride, partagée en quinze comtés, capitale Tallahassee ; l'Alabama, partagé en trente-six comtés, capitale Tuscaloosa ; le Mississipi, partagé en vingt-six comtés, capitale Jackson ; la Louisiane, partagée en trente-deux paroisses, capitale la Nouvelle-Orléans.

3° *Etats intérieurs.* L'Etat d'Indiana, partagé en soixante-quatorze comtés, capitale Indianapolis ; l'Etat d'Illinois, partagé en soixante-six comtés, capitale Vandalia ; le Missouri, partagé en trente-trois comtés, capitale Jefferson ; le Tennessee, partagé en soixante-deux comtés, capitale Nashville ; le Kentucky, partagé en quatre-vingt-trois comtés, capitale Francfort ; l'Etat de l'Ohio, partagé en soixante-treize comtés, capitale Columbus, dans le territoire frontière de l'Amérique anglaise, de même que l'Etat de Michigan, partagé en trente-neuf comtés, capitale Détroit ; l'Etat d'Arkansas, partagé en vingt-trois comtés, capitale Little-Rock.

4° L'*Amérique anglaise* ou *Nouvelle-Bretagne* a pour limites : au sud, l'océan Atlantique et la confédération américaine; au nord, l'océan Arctique; à l'est, la mer de Baffin; à l'ouest, le Grand Océan. Presque tous les géographes comprennent sous le nom de Nouvelle-Bretagne les deux Canada, la Nouvelle-Galles et les autres contrées de l'Amérique du Nord soumises aux Anglais. Les divisions administratives sont : le gouvernement de Québec ou Bas-Canada, chef-lieu Québec; la région Mackenzie; Saskatchawan, occupée presque entièrement par des sauvages indépendants; la région de l'Ouest, appelée aussi Nouveau-Cornouailles; la Nouvelle-Galles, ou Maine occidental; le gouvernement d'York, ou du Haut-Canada, chef-lieu York; le Nouveau-Brunswick, chef-lieu Frederikstown; la Nouvelle-Ecosse, chef-lieu Halifax.

5° Les *possessions russes* se composent de quelques établissements peu importants sous le rapport commercial, mais dont l'énumération est intéressante sous le rapport géographique. Dans le pays des Esquimaux, nous signalerons la Pointe-Barrow; dans la Géorgie occidentale, le cap Glacé, le cap du Prince de Galles; dans la longue péninsule d'Alaschka, l'établissement situé près du cap Douglas; le petit établissement de Roda; dans la péninsule des Tchougatches, le fort Alexandre, une des principales factoreries de la Russie; dans le pays des Koluches, l'importante factorerie d'Yakoutal : depuis 1808, les Russes possèdent sur l'ancien continent mexicain, dans la Nouvelle-Californie, la petite colonie de Bodega, située à l'embouchure du Slavinska-Ross.

La partie insulaire de l'Amérique russe comprend l'archipel ou groupe du Prince de Galles, les archipels du duc d'York, du Roi-Georges III, l'île de l'Amirauté, le groupe de Kodiak, le grand archipel des Aléoutiennes, le groupe des îles Pribylor, dans la mer de Behring entre le groupe des îles Diomède, au milieu du détroit de Behring.

AMÉRIQUE DU SUD.

Les grandes divisions politiques et administratives sont : au nord, la Colombie; au sud, la Patagonie; à l'est, le Brésil; à l'ouest, les provinces unies de l'Amérique centrale.

Le vaste territoire de la Colombie formait, avant la

proclamation de l'indépendance américaine, la vice-royauté de la Nouvelle-Grenade et la capitainerie de Caracas ou Venezuela. Le 17 décembre 1819, ces divisions n'en formèrent plus qu'une sous le titre de république de *Colombie*. En 1831, les douze départements de la nouvelle république se séparèrent pour former la confédération des États-Unis, composée des trois républiques de la Nouvelle-Grenade, de Venezuela et de l'Équateur.

1° La *république de la Nouvelle-Grenade* est divisée en vingt provinces, subdivisées elles-mêmes en cent quatorze cantons. La capitale est Bogota, ou Santa-Fé de Bogota, qui compte 40,000 habitants.

2° La *république de Venezuela* comprend quatre départements, subdivisés aujourd'hui en treize provinces. La capitale de cette république est Caracas, ou Léon de Caracas, avec 30,000 habitants.

3° La *république de l'Équateur* est divisée en huit provinces. La capitale est Quito. Cette ville est remarquable par le nombre et la richesse de ses couvents.

La RÉPUBLIQUE DU PÉROU, dite aussi du BAS PÉROU pour la distinguer de la Bolivie, se forma en 1821 du territoire de la ci-devant royauté du Pérou. Elle est divisée en sept départements, subdivisés en provinces, et ces dernières en cantons. La capitale du Pérou est Lima. La population est de 70,000 habit.; elle a été souvent dévastée par des tremblements de terre.

La RÉPUBLIQUE DE BOLIVIE, ainsi appelée en l'honneur de Bolivar, qui a tant contribué à assurer l'indépendance américaine, occupe le territoire de l'ancienne vice-royauté de Rio de la Plata. La Bolivie forme huit départements. La capitale se nomme Chuquizaca, de son ancienne appellation indigène, qui a été transformée en la Plata, à cause des mines d'argent qui se trouvent dans le voisinage, et plus récemment en Sucre, du nom d'un général qui a beaucoup contribué à la fondation de l'indépendance de ce pays.

La RÉPUBLIQUE DU CHILI s'est formée du territoire de l'ancienne capitainerie générale de ce nom; elle forme huit provinces. Les principales villes du Chili sont: Santiago, la capitale, qui compte 90,000 hab.; Valparaiso, 50,000 hab., principale place marchande de la république et son port le plus important.

Le *Dictatorial du Paraguay* comprend l'ancien Paraguay, une des plus grandes provinces de l'ancienne vice-royauté de la Plata. Le Paraguay est divisé en une vingtaine de cercles. Les villes principales sont : Ascension, sur la rive gauche du Parana; le dictateur y réside; Tevego, fondée par le docteur Francia; Villarica et Guariti. chefs-lieux des districts du même nom.

La CONFÉDÉRATION DU RIO DE LA PLATA se compose de quatorze États. Elle a porté successivement les noms d'États-Unis du Rio de la Plata et de république Argentine. Des tribus composées de pâtres cavaliers descendant des Espagnols, et connus sous le nom de Gauchos, habitent les vastes plaines du Rio de la Plata.

L'EMPIRE DU BRÉSIL a formé, jusqu'en 1803, la plus riche et la plus importante des colonies portugaises. A cette époque, le roi de Portugal ayant quitté ses Etats d'Europe, envahis par les armées françaises, alla résider au Brésil, et cette contrée fut déclarée royaume. Les dix-huit provinces dont il se compose se divisent en comarcas, composées de municipios, districtos, quarteiros. Les provinces sont gouvernées par le pouvoir exécutif quant aux affaires générales; par leurs propres assemblées législatives et les gouverneurs nommés par l'empereur quant aux intérêts particuliers. Le système judiciaire est, à peu de chose près, le même qu'en France. La religion catholique, apostolique et romaine, est le culte dominant.

Les villes les plus importantes sont : Rio-de-Janeiro ou Saint-Sébastien, de 250,000 hab., capitale de l'empire ; San-Paulo, une des plus anciennes villes du Brésil, dans la grande plaine de Feratenuaga ; Bahia ou San-Salvador, sur la baie de Tous-les-Saints, 120,000 hab., dont les deux tiers sont des nègres.

La PATAGONIE est habitée par les Patagons, les Chunchi, les Puelches et plusieurs autres peuplades.

La GUYANE se divise en Guyane française, Guyane anglaise, Guyane hollandaise.

La *Guyane française* comprend la Guyane, chef-lieu Cayenne ; la Martinique, chef-lieu Port-Royal ; la Guadeloupe, chef-lieu Basse-Terre ; Groupe-des-Saints, chef-lieu Terre-d'en-Haut ; Marie-Galande, chef-lieu Grand-Bourg ; la Désirade, sans ville ni bourg remarquable ; Saint-Martin, chef-lieu Marigot ; groupe de

Saint-Pierre-et-Miquelon, sur le banc de Terre-Neuve, chef-lieu Saint-Pierre.

La *Guyane anglaise* compte à peu près 130,000 hab., dont 100,000 noirs. La capitale est Georgetown.

La *Guyane hollandaise* compte 60,000 hab. La capitale est Paramaribo, ville toute hollandaise.

La RÉPUBLIQUE DE L'URUGUAY ne compte que 200,000 h. Elle est divisée en neuf départements, capitale Montevideo, ville toute française qui compte 40,000 hab. Au sud, se trouvent la Terre de Feu et l'île des États; ce sont des pays déserts et glacés.

OCÉANIE

L'Océanie, la cinquième partie du monde, tire son nom de sa position au milieu du Grand Océan, et se compose d'une grande réunion d'îles situées entre l'Asie, l'Afrique et l'Amérique méridionale. La plus considérable de ces îles est l'Australie ou Nouvelle-Hollande, qui forme le troisième continent, et atteint en étendue les quatre cinquièmes de la superficie de l'Europe.

Elle est comprise entre 91° de longitude australe et 105° de longitude occidentale, et entre 35° de latitude boréale et 36° de latitude australe. En général, toutes les îles de l'Océanie sont volcaniques.

La température de cette partie du monde varie ordinairement avec les latitudes. Cependant le froid n'est pas très-rigoureux dans les contrées extrêmes, et, sous les tropiques, une brise continuelle rafraîchit l'atmosphère. Son sol est très-riche et les plantes les plus précieuses y croissent, parmi lesquelles nous citerons le bois de fer et l'arbre à pain, qui fournit à la fois une nourriture abondante et des matières textiles. Sa faune est également fort riche.

Il faut citer l'éléphant, le rhinocéros, l'hippopotame, le lion, le tigre, la panthère, l'ours, le sanglier, le buffle, le cheval, l'orang-outang, les kangurous, potorous, phalangers, pétauristes, dasyures, thylacytes, wombats, ornithorynques, échidnés, une foule de perroquets, l'oiseau de paradis, les loris, l'hirondelle salangane, les cygnes noirs, ménures, loriots, prince-régent, canicans, philidons, scytrops, céréopsis, casoars, faucons blancs, moucherolles, etc. L'archipel asiatique nourrit le crocodile et le boa constrictor; la Nouvelle-Hollande, les scinques noirs, les pythons, le serpent de fil et le serpent noir. La tortue abonde dans toutes les parties de l'Océanie. Parmi ses insectes, on remarque les grosses fourmis et la brillante cétoine. Parmi ses poissons, les bonites, dorades, thons, surmulets, raies, muges, baleines, qui fréquentent les côtes sud de la Nouvelle-Hollande.

La superficie de l'Océanie atteint 41 millions de kilomètres carrés: l'Australie seule, ou Nouvelle-Hollande, y figure pour près de 7,700,000 kilomètres; le reste est occupé par les nombreux archipels qui environnent l'Australie. Le chiffre de sa population s'élève à 32 millions d'habitants, qui, pour la plupart, appartiennent soit à la race jaune, soit à la race noire.

Sous le rapport religieux, sauf les grands succès obtenus, surtout dans ces dernières années, par le zèle infatigable de missionnaires aussi intrépides que dévoués, on peut dire que l'idolâtrie la plus grossière règne encore dans l'Océanie, et il n'est pas rare d'y voir, à certaines époques, se renouveler les sacrifices humains pour conjurer les idoles et se les rendre favorables. Le mahométisme est cependant la religion la plus répandue, surtout dans la Malaisie; le brahmanisme et le bouddhisme y sont professés par les peuplades de l'intérieur et les tribus originaires de la Chine. Partout ailleurs règnent le polythéisme, le panthéisme, le sabéisme et le plus grossier fétichisme. Quelques peuplades même n'ont aucune espèce de culte et n'admettent que l'existence de mauvais génies. Ces sauvages n'ont qu'une idée très-vague d'une autre vie et n'ont pas encore renoncé complétement à l'affreux cannibalisme. L'Océanie se divise en cinq parties principales, savoir : la Malaisie, la Mélanésie, la Micronésie, la Polynésie et les Terres australes ou antarctiques.

La MALAISIE, dans l'archipel indien, comprend les îles Philippines, les Moluques, Célèbes, Bornéo, Sumatra, Java, Sumbava, Timor, etc.

Cette partie de l'Océanie, qui s'étend au sud de l'empire chinois, à l'ouest de la Micronésie et au nord de la Mélanésie, est la plus importante sous tous les rapports : c'est de là que l'on tire les épices des Moluques, l'étain de Banca, l'argent de Java, l'or des Philippines, l'ambre gris et les perles de Soulou, le camphre et les diamants de Bornéo; aussi la variété et la valeur de ses productions y ont-elles toujours attiré le commerce.

Les ILES DE LA SONDE. — Le nom de ces îles, que les indigènes nomment îles de *Sounda*, paraît venir du mot sanscrit, qui signifie *grande eau*. Ces îles sont traversées par des chaînes de montagnes qui sont plus rapprochées de la côte sud que de la côte nord ; les plus grandes rivières de toutes ces îles coulent du sud au nord et se rendent dans la mer de Java. Les principales îles que comprend cet archipel et qui paraissent être la continuation sous-marine de la grande presqu'île de Malacca, sont : Sumatra, Java, Madura, Bali, Sumbava, Sumba, Timor et Timor-Laout.

SUMATRA. — C'est la plus grande de toutes les îles ; elle a 390 lieues de longueur, et est traversée par une chaîne de montagnes très-élevées. Elle a cinq volcans, et quoique coupée par l'équateur, elle jouit d'un climat tempéré. Le sol est riche en minéraux précieux.

Elle compte 5 millions d'habitants.

Sumatra se divise en deux parties, dont l'une est indépendante, et l'autre soumise aux Hollandais.

Dans la partie indépendante se trouvent le royaume de Siak, dont les villes principales sont Siak, Delhi, Kampar, Batouh-Barah ; le royaume d'Achem, qui a pour capitale Achem, et pour villes principales Telosancouay et Pédir; le pays des Battah, confédération formée par un grand nombre de chefs de districts, qui a pour villes principales Barous et Tappanouli.

Dans la partie hollandaise, on doit comprendre le gouvernement de Padang, l'Etat de Menang-Karbou, le pays des Lampoungs et le royaume de Palembang, dont les principales villes sont : Padang, Natal-Bencoulen, le Fort Malborough, Bansa, Pendja-Hachoung, Menang-Karbou et Palembang.

Sumatra compte aussi un grand nombre d'îles, parmi lesquelles les principales sont : l'île de Banca, l'île de Bittitoum, les îles Bintang, Battam et Tanjong-Pinang, etc.

JAVA. — C'est une des plus belles îles de l'Océanie ; elle est traversée par trois chaînes de montagnes parmi lesquelles on compte quinze volcans.

Sa superficie est d'environ 120,000 kilomètres carrés.

Cette île est bien déchue de son ancienne splendeur, car sa population, qui était autrefois de 8 millions d'habitants se trouve aujourd'hui réduite à 160,000 ou 175,000 habitants. Le climat de Java varie selon les latitudes, et les maladies épidémiques y exercent souvent leurs ravages. C'est ainsi que le choléra, en 1822, y enleva plus de cent mille personnes en quelques jours.

Ses villes principales sont Batavia, capitale de l'Océanie hollandaise; Sourabaya, la ville la plus importante après Batavia; Samarang, la troisième grande ville de Java; Cheribon, renommée pour son excellent café; Sourakarta, capitale de l'empereur; Djojokaria, capitale d'un sultan qui y réside.

Bornéo. — L'île de Bornéo, la plus vaste de l'archipel indien, et même du monde entier, après la Nouvelle-Hollande, a près de 1,300 kilomètres de longueur, sur plus de 1,100 kilomètres de largeur. Le climat y est assez tempéré, et même plus que ne pourrait le faire supposer sa position intertropicale. Les pluies y règnent de novembre en mai sur toute la côte ouest. On évalue sa population à environ 4 millions d'habitants; elle se compose d'indigènes, Malais et autres, de Chinois, de Javanais, et d'un très-petit nombre d'Européens. L'intérieur de l'île n'est guère exploré jusqu'à présent. On y trouve des diamants et d'autres pierres précieuses, de l'or, du cuivre et de l'étain. Le sol produit du café, du poivre, du vin, des fruits et du sagou.

Archipel des Célèbes. — Cette île de la Malaisie est située à l'est de Bornéo, dont elle est séparée par le détroit de Macassar, à l'ouest des Moluques, au sud des Philippines. On lui donne aussi le nom de Macassar.

Elle se compose de quatre presqu'îles allongées, liées par des isthmes étroits et séparées par trois baies.

Sa population est de 3 millions d'habitants, divisés en cinq nations: les Bouguïs ou Ouguis, qu'on a considérés comme le foyer de la civilisation des peuples malais et polynésiens; les Mangkassars, les Mandars, les Kaïlis et les Manodois. L'île abonde en riz, coton, muscade, girofle, etc., et fait un grand commerce. Une partie de l'île Célèbes est soumise aux Hollandais, qui y possèdent le royaume de Mangkassar ou Macassar et les résidences de Bonthaïn, de Maror et de Monado.

Le reste est divisé en plusieurs petits royaumes indépendants. Celui de Boni, dont la capitale est Bayoa, est le plus considérable.

Archipel des Philippines. — Ce grand archipel de l'Océanie occupe la partie septentrionale de la Malaisie, et est situé entre la mer de Chine, l'archipel de Holo et le Grand Océan.

Il contient plus de cent îles. Les principales sont : Luçon, Maïndanao ou Mindanao, Mindoro, Leyte, Samar, Panay, Bouglas ou Négros et Zebou. La plupart de ces îles sont élevées et montagneuses, bien boisées et abondamment arrosées. On y voit plusieurs volcans en éruption.

Les îles Philippines possèdent des mines d'or, d'argent, de fer, de cuivre, de plomb, de soufre et de mercure, des carrières de marbre, de talc, de pierre meulière, etc. Découvert, en 1521, par Magellan, cet archipel fut conquis par les Espagnols de 1566 à 1571. Les Anglais s'en emparèrent en partie en 1762, et en furent chassés deux ans après par les indigènes joints aux Espagnols.

Archipel des Moluques. — Ce grand archipel de la Malaisie, situé entre Célèbes et la Papouasie, est borné, au nord, par le Grand Océan équinoxial ; au nord-ouest par le passage des Moluques, qui le sépare en partie de Célèbes, et au sud-ouest par la mer des Moluques.

Il est divisé en trois groupes, qui comprennent les trois résidences entre lesquelles les Hollandais ont partagé ces îles, leurs dépendances médiates ou immédiates. Ces groupes sont : celui d'Amboine, le plus important, celui de Banda et celui des Moluques proprement dites, dont les îles principales sont : Guïlolo, Ternate, Tidor et Batchian. La ville d'Amboine, dans l'île de ce nom, est la capitale des Moluques. Les îles de cet archipel présentent de nombreux volcans.

La Mélanésie ou Australie est bornée : au nord, par la Malaisie ; au sud et à l'ouest, par la mer des Indes, et à l'est par la Polynésie. Son nom vient de deux mots grecs qui signifient *île noire*, et elle est ainsi appelée parce qu'elle est principalement habitée par des peuplades noires.

Elle comprend l'Australie ou Nouvelle-Hollande, la Tasmanie ou Terre de Van-Diémen, la Nouvelle-Guinée ou Papouasie, l'archipel de la Nouvelle-Bretagne, l'archipel Salomon, l'archipel de La Pérouse, l'archipel des Nouvelles-Hébrides, l'archipel de la Nouvelle-Calédonie et les îles de Viti.

On divise les Mélanésiens en deux races : les Papouas et les Endamènes, les premiers de couleur noir jaunâtre, les seconds de couleur tirant sur la suie vieille et terne. La Mélanésie se distingue par de hautes montagnes, de grandes forêts, d'immenses déserts, par une végétation extraordinaire, d'admirables oiseaux et des animaux bizarres.

La Micronésie. — Grande division de l'Océanie, située en partie dans le Grand Océan équinoxial et en partie dans le Grand Océan boréal. Elle comprend parmi ses groupes principaux : l'archipel Magellan, l'archipel des Mariannes, les îles Palaos, l'archipel des Carolines, les îles Marshall, Gilbert, Mulgrave, Séniavine et Hogolen, etc. La Micronésie tire son nom du grand nombre de petites îles dont elle se compose. Les écueils et les récifs y abondent.

La Polynésie tire son nom de deux mots grecs, *polus*, nombreux, et *nésos*, île. C'est l'une des quatre grandes divisions de l'Océanie. Elle est bornée : au nord, par la Micronésie et l'Océan Boréal ; au sud, par l'Océan Austral ; à l'est, par la côte occidentale de l'Amérique, et à l'ouest, par la Mélanésie et la Malaisie.

Sa superficie peut être évaluée à 261,000 lieues carrées, et sa population à 1,800,000 habitants.

Cette division de l'Océanie renferme une foule d'archipels ou groupes d'îles, dont les principales sont : les îles Sandwich, les îles Samso, les îles Tonga et Kermadec, les îles Manaia et Toubouai, l'archipel Taïti, les îles Pomotou, les îles Marquises, l'île de Pâques, la Nouvelle-Zélande. Le climat y est fort doux, et ces îles, qui n'ont, pour la plupart, qu'une superficie de peu d'importance, jouissent d'un printemps éternel.

Terres antarctiques. — Ces terres ou ces îles, découvertes dans les parages qui se rapprochent du pôle antarctique, sont couvertes de neiges éternelles et inhabitées.

FIN

Paris. — Imprimerie Parisienne. — Dupray de la Mahérie, Impasse des Filles-Dieu, 5, près du boulevard Bonne-Nouvelle. — 820

CATALOGUE DE L'ENCYCLOPÉDIE CATHOLIQUE

Histoire Sainte.
Petite Civilité chrétienne.
Alphabet du jeune âge.
Grammaire française.
Histoire de Jésus-Christ.
Eléments de géographie.
Exercices orthographiques.
Histoire de l'Eglise, n° 1.
Histoire de l'Eglise, n° 2.
Arithmétique simple.
Agriculture.
Histoire générale.
Vie des Saints, n° 1.
Vie des Saints, n° 2.
Vie des Saints, n° 3.
Vie des Saints, n° 4.
Vie des Saints, n° 5.
Géométrie linéaire.
Histoire ancienne.
Poids et mesures.
Petite physique.
Analyse grammaticale.
Merveilles de la nature.
Histoire romaine.
Petite Maison rustique.
Géométrie.
Analyse logique.
Petite géologie.
Proportions.
Histoire grecque.
Arts et métiers.
Règles des participes.
Les Croisades.
Problèmes de géométrie.
L'Amateur de jardins.
Histoire de France.
Les Beautés du langage.
Minéralogie.
Les Cathédrales de France.
Le Bord de la mer
Algèbre.
Culture de la vigne.
Voyage autour du monde.
Les Missionnaires au Paraguay.
Principes de ponctuation.
Art de lever les plans.
Les capitales de l'Europe.
Histoire des Martyrs.
Histoire de l'Europe.
Histoire de l'Asie.
Les Fleurs et les Plantes.
Les Chrétiens au cirque.
Esther et Athalie.
Les Poissons.
L'Architecture ancienne et moderne.
Histoire de l'Afrique.
Tenue des livres.
Histoire de l'Amérique.
Homonymes et Synonymes.
Les principales villes de France.
Les Ordres religieux.
Morceaux choisis de style.
Histoire des colonies françaises.
Problèmes d'algèbre.
Les Ordres religieux militaires.
Siècle de François Ier.
Voyage en Angleterre.
Découvertes, inventions.
Histoire de la Papauté.
Ce que l'on dit et ce que l'on devrait dire.
Le Christianisme en Chine.
Voyage en Allemagne.
Merveilles de l'art.
L'Art poétique.
Règles d'une conduite.
Les Chevaliers de Malte.
Les Reptiles.
Siècle de Louis XIV, n° 1.
Siècle de Louis XIV, n° 2.
Voyage en Prusse.
Les Missions étrangères.
Cours de style.
Voyage en Autriche.
Les Mammifères.
Voyage en Russie.
Voyage en Palestine.
Procédés industriels.
L'Ile de Madagascar.
Les Indiens.
Les Iles de l'Océanie.
La Conquête de l'Inde.
Les Prodiges de la chimie.
Les Orateurs sacrés.
Voyage en Italie.
La Vie de saint Vincent de Paul.
La Chine.
Le Mexique.
Voyage en Suisse.
Eléments de rhétorique.
La Conquête du Pérou.

Paris. — Imp. Dupray de la Mahérie, impasse des Filles-Dieu 5.

www.ingramcontent.com/pod-product-compliance
Lightning Source LLC
LaVergne TN
LVHW050425160826

845677LV00002BA/542

* 9 7 8 2 3 2 9 6 9 2 1 0 4 *